上海视觉·文产高地计划丛书

主　编　俞振伟　副主编　楼世芳　刘　铁

文化出口的认同机制建构

张常勇——著

WENHUA CHUKOU DE
RENTONG JIZHI JIANGOU

中国出版集团 東方出版中心

图书在版编目(CIP)数据

文化出口的认同机制建构/张常勇著.—上海：东方出版中心，2019.11
(上海视觉·文产高地计划丛书)
ISBN 978-7-5473-1539-2

Ⅰ.①文… Ⅱ.①张… Ⅲ.①文化发展战略学-研究-中国 Ⅳ.①G12

中国版本图书馆CIP数据核字(2019)第221467号

文化出口的认同机制建构

著　　者　张常勇
责任编辑　曹雪敏
封面设计　丫　头

出版发行　东方出版中心
地　　址　上海市仙霞路345号
邮政编码　200336
电　　话　021-62417400
印 刷 者　常熟市新骅印刷有限公司

开　　本　890mm×1240mm　1/32
印　　张　6.25
字　　数　146千字
版　　次　2019年11月第1版
印　　次　2019年11月第1次印刷
定　　价　42.00元

序

文化出口不仅是一种国际贸易行为，还促进国际文化交流，推动国家的文化形象传播。从统计数据看，我国的文化出口成绩显著。按照联合国教科文组织统计研究所的统计，从2010年起，我国就成为全球最大的文化产品出口国。在欧美发达国家，大量文化创意产品的标签上印着“Made in China”。然而，我们必须对此保持清醒的认识。具体考察出口文化产品的内容与类别，可以发现，我国在国际文化贸易竞争中占据优势的仍然是先进的工艺技术，超高的生产效率，低附加价值的密集劳作。按样加工的珠宝首饰、塑料装饰品，以及互动媒体的硬件设备等有形产品占据了文化出口产品的一半以上。书籍与新闻、设计和创意等以内容、创意为主的产品不仅占比较低，而且缺少原创性的内容。缺少内涵、缺少创意是当前文化出口亟待解决的问题。

文化出口面临的上述问题，是文化出口高速发展的伴生现象。由低附加值的文化工艺品、文化装备向高附加值的内容产品、内容服务迭代升级是文化出口的必然要求，符合工业经济向知识经济、创意经济转变的趋势，也是我国文化出口的必由之路。关键是这条路怎么走？

和其他消费品不同，文化产品与服务在国际贸易竞争中，不仅要品质优良、性价比高，还要让进口地的消费者乐意购买，因为可以给他们带去不一样的精神享受、文化满足。为此，需要借助跨文化交流的理论成果，实现认识和思路上的转变。我们的文化出口要采取以交流为主的方式。尊重文化多样性，认同彼此则是文化交流的前提。

常勇在这部书中提出从建构文化认同机制入手推动文化出口，从跨文化消费者的文化心理需求出发来设计文化出口的路径，就是以交流为前提的文化出口策略。他在提出观点的同时，充分肯定了我国文化出口成绩，梳理了当前文化出口的特点，把观点建立在实证分析的基础上，使全书的逻辑比较清晰，有一定的说服力。同时，也要看到，本书从意识形态、宗教、文化等宏观层面来分析文化出口中的文化壁垒，仍然停留在抽象层面，所提出的一些解决办法，也多是理论指导意义上的。希望常勇继续努力，贡献更有价值的学术成果，为我国的文化出口实践提供更具参考意义的思路。

李良荣

2019年10月3日

目　录

导　论

本课题研究的缘起是笔者受上海市长宁区上海市多媒体产业园博士后实践基地资助，到从事文化出口贸易的上海芝远商务咨询有限公司所做的调研工作。在调研工作期间对我国当前文化出口现状的观察与思考促成了这些文字。

上海芝远商务咨询有限公司是一家民营公司。该公司曾将一部国产电视剧《大声呼唤你回来》成功出口到日本，并借此于2008年8月获得文化部国产音像制品出口工作委员会颁布的优秀出口企业三等奖。电视剧《大声呼唤你回来》演绎的是中国传统的伦理价值观，是一部家庭伦理剧，主角设定是一位盲姑娘，有媒体称这是国内首部关注残疾人情感的电视剧。这部剧曾在国内多家电视台播放，也受到许多观众的好评。但是，它绝不像现在的热播剧，算不上一部特别“成功”的电视剧。这部电视剧在日本却大获好评，出口的碟片一度销量很好。问及原因，公司的老总和此项目的主要策划人王健先生说，这部电视剧里表现的家庭观念、亲情观念，既符合我国传统的价值观，也为当前日本社会所崇尚。并且，在日本家庭妇女在电视剧观众中占据很大比例，这一观众群是维护传统观念的社会中坚力量。因此，这部在中国算不上热播剧的电视剧才能够受到日本观众的欢迎和认可。这一成功的案例影响到我对文化出口的看法，出口地观众的认可与接受应该是文化出口考虑的首要问题。

其后，芝远公司在文化出口方面继续做出的努力和取得的成效也印证了我的这一看法。自2008年起，上海芝远商务咨询有限公司开始开发对日影视文化出口的网络平台。搭建平台目的是把中国优秀的文化借助新媒体平台出口到日本，同时取得满意的市场收益。当时，网络视频方兴未艾，而网络视频又是一项极其烧钱的项目。大量的成本投入让付费方式、赢利模式、网站体验等侧重商业推广的理念引导着多数开发者的思考方向。虽然不时也有人问：我们做的这些东西日本人会看吗？他们会为此买单吗？但公司曾经的成功冲淡了这些疑虑。《大声呼唤你回来》这部反映中国普通人生活的家庭伦理剧受到日本客户的好评，取得了不错的收益，说明旅居日本多年的公司上层对潜在日本客户的定位准确，现在开发文化出口平台，针对性也比较强，就是那类对中国文化感兴趣的日本人。在众人继续做平台开发时，我却被这样的问题困扰着：什么样的日本人会愿意为中国文化买单？当初有多少日本人喜欢我国的京剧？在我国年轻观众越来越少的情况下，会找到让日本人来欣赏京剧艺术的办法吗？还有那些濒临灭绝的地方戏曲，作为古老文化的一部分，它们连自己的分布区域都走不出去，能走出国门吗？有多少日本人不是抱着猎奇的心态看待中国的传统文化、民间工艺？日本致力学习中华传统文化已有上千年的历史，如果日本人都不为中国文化买单的话，欧美等国家和地区的人们就更不会为中国传统文化付费了。没有客户的文化出口只是一厢情愿的幻想，我国文化“走出去”的战略也只是纸上谈兵。

为了实现文化出口，必须解决这样的问题，如何让异文化中的他者接受中国文化？我们需要解决哪些问题，采取什么样的措施，才能实现这样的目的：让他们不是作为一个异文化的猎奇者，而是作为一个消费者来面对文化上的“中国创造”。进入消费社会之后，市场越来越具有统治力量，拥有消费市场的文化产品就意味着传播力。如果希望将有价值的文化内容传播得更为广远，就需要把它转化为他者需要的商品与服务。借助市场，以文化产品为形态出现的文化可以获得强大且持久的生命力。因此，从消费与市场入手研究文化出口是一条必经之路。

但是，文化商品是一种特殊的商品，仅从经济学的角度，从国际贸易的规律中寻找文化出口的解决方案是不够的。这些思考框架没有充分考虑文化商品的文化特性，很难对跨文化消费市场形成清晰的认知。文化商品带给人们的不仅是休闲、娱乐、精神享受，还影响到接受者的深层心理，影响到他们的价值观、世界观和人生观，影响到他们对自我身份的认识与定位。现代社会，每个人对自我、人生、周围世界的理解都难以避免受所消费的文化的影响。因此，消费者的文化心理就成为考察文化出口能否实现的一个关键因素。

笔者博士在读期间曾对中华传统文化的深层结构有所体悟，对符号互动理论以及盛行于学术界的认同概念有一定的认知。接触新闻传播学之后，对媒体在传播信息，改变人的观念方面的巨大力量有了进一步的认识。这些“先见”构成了可以有意汲取的认识框架，促使我从跨文化认同的角度来思考文化出口的问题。

第一节　研 究 问 题

本课题以文化出口为研究对象，主要研究经济全球化背景下，中国经济转型升级时期，增加外向型经济中文化类产品与服务的比重过程中，突破文化贸易壁垒，建构文化他者对中国文化产品和服务的认同机制建构问题。在分析当前我国文化产品与服务出口现状的基础上，从跨文化产品与服务的消费者接受的角度探索文化出口的必要条件，为加快我国文化产品与服务出口提供一定的解决思路。具体研究从以下几个方面展开。

第一，对文化出口进行界定。首先对研究中涉及的关键概念进行分析、诠释。从中西文化比较、符号学、人类学和传播学的角度探索文化的概念，在界定文化概念的基础上界定文化出口中的文化产品和文化服务，并进而分析文化出口的特性、所需要的条件以及文化出口的意义。

第二，对我国文化出口的现状进行分析。我国文化出口最典型的特征是由政府引导、推动，在一些层面甚至是主导的。我国的文化出口在政府的有力推动下，迅速取得了明显的成绩，但也存在许多问题。其他地区对中国文化的认同障碍则隐藏在这些问题的背后。

第三，解读文化出口中的认同壁垒。文化出口属于一种跨文化交流，跨文化交流过程中的认同障碍是引发认同壁垒的重要原因。认同是过程，也是结果，其原因是多方面的。影响文化出口的认同问题突出表现在政治、宗教和文化领域，在这些方面形成了亟须突破的认同壁垒。

第四，针对文化出口中的认同壁垒，提出相应的建构途径，以期形成良性的认同机制，从而推动文化出口的发展与繁荣。

对上述问题的分析与研究，目的是借助当前的认同理论分析文化出口的形成条件，从理论角度为我国的文化出口事业提供一些借鉴。

一、背景分析

经济全球化、世界市场一体化使国际贸易在全球范围展开，文化工业推动了符号消费的日益增长。符号经济开始在世界范围内繁荣发展。在这样的大背景下，各国纷纷将对外文化贸易，尤其是文化出口贸易作为国家发展的重要策略。我国政府在大力倡导发展文化产业的同时，也制定了文化“走出去”的发展战略。

（一）经济全球化与世界市场一体化

经济全球化不再是一个热门词汇，它已经成为人们生活的一部分。全球化既是一种趋势，也是一种的现实。对趋势和现实的理解都存在无限可能，时至今日，在如何理解全球化方面仍存在着许多争议，反对的声浪一点也不亚于支持的号角。但是，无论引发什么样的争议，无论面对多少反对的意见，全球化都以不可阻挡之势将地球上的各个角落联结成一个整体。在现代交通、通信技术的支持下，在资本的推动下，世界各地的生产、流通、消费等各个经济领域越来越有机地联系在一起，形成了一体化的世界市场。

工业文明肇始之际，借助科技力量形成的规模经济已经将自己的触角伸展到地球上的各个角落。当时，经济体自我延伸的动力主要在于资本攫取最大利润的欲望、与之伴生的掠夺、征服者的野心，以及资本的欲望、征服者的野心利用政治、经济、军事、文化等手段得到的满足。其造成的另一个结果是地区发展不平衡，而这种不平衡加剧了各种地区差异。当前,资本驱动的规模经济在内容和表现形式上虽然呈现出多样化的特征,但是,利润仍然是毫无疑问的目标,是发展最根本的驱动力。跨越距离更远、速度更快的交通工具,瞬间传递的信息,现代化的管理方式无疑成为利润增长的手段。经济活动受地域的限制越来越小,生产不再集中于某一个地区,为了追求更低的成本、更高的利润,同一种商品的不同生产环节散布于世界的各个角落。

拥有体育运动装备第一品牌的耐克(Nike)公司,竟然没有自己的制鞋工厂。那些以穿上一双印有"胜利女神"标识(LOGO)的运动鞋为荣的年轻人却丝毫不介意它的产地,他们在意的只是身上的标识能否被他人看到,能否被自己看到。不生产电脑的戴尔公司以贴牌的方式建立起电脑销售王国,苹果、三星等手机生产厂商也没有一条属于自己的完整的生产线……这些跨国公司把研发、设计、生产、销售,甚至售后的每个环节都以逐级外包的形式散布到成本最低廉的地区。在这一过程中,高效便捷的交通工具和飞速发展的信息媒介功不可没,它们是实现产品和服务整合的利器。"地球村",这个从加拿大学者口中说出的预言变成现实,并且发生在我们每个人身边。它不仅建立在信息传递方式的改变上,也建立在更加便利快捷的交通工具上,即时性的信息传递与高速的现代化交通工具让人的感觉与身体都可以跨越时空的界限。

没有物理界限的经济全球化和世界市场一体化决定了国际贸易的持续发展,文化出口就是其中的一个组成部分。

(二)符号经济的繁荣

任何人类活动中都印刻着文化的符码,经济活动也不例外。全球化的浪潮席卷一切,世界各地的经济活动连结为一个整体,文化也随着经济的羽翼飞向世界各地。但是,和经济的全球化不同,文化不仅没有像经济那样发展出一个相互关联、互取有无的全球性体系，也没有依附于传统意义上以有形产品为核心的经济活动，而是在这一过程中彰显出自身的价值，对经济活动起到越来越重要的作用。经济全球化以跨国公司的业务扩展为羽翼，跨国公司在全球范围内的业务既是一种商业拓展，也是一种文化扩散，它将技术、制度、理念等文化因素推广到企业，延伸到的各个地区，伴随商业行为而来的国际性文化要素和当地的地方性文化元素就这样相遇了。文化的相遇对商业活动的影响是多方面的，促进与阻碍很可能并存，为了实现自己的目标，在全球范围内展开商业活动的企业越发重视与之相关的文化元素。

同时，信息和通信技术的发展建构出一个开放的信息体系，任何组织与个人只要掌握了相关的技术，都可以方便地接触到最先进的科研成果，纯粹依靠技术封锁而实现的垄断日益受到挑战。对管理制度的共同重视则削弱了管理自身在建立竞争优势时的价值。企业间的竞争逐渐超越了日益同质化的品质、渠道和服务，而趋向于为其产品和服务给客户留下的印象，趋向于人际关系的建立，趋向于品牌，以品牌为核心的竞争在当前世界经济竞争中的地位越来越重要。为建设、维护并推广品牌，必然在维护产品的质量和服务的同时，围绕着品牌进行文化建设，因此，那些从事非文化产业的企业竞争者不约而同地将目光投向品牌文化的营建，对文化趋之若鹜成为一时之潮流。

信息和通信技术的飞速发展、迅速普及还导致了另外一个具有革命性的后果，那就是信息的生产与消费成为人们日常生活的一部分。信息是由可传递的符号组成，它也是广义文化的具体表现形式。信息产业的发展带动了文化生产和消费，这样文化消费就成为当代生活的现实性主题。今天，人们的生活越来越信息化，也越来越“文化”化了。不仅传统的电影、电视节目借助各种网络进行传播，其他文化样式，如图书、戏剧、舞剧、体育、各种秀、各类庆典等，一切能想到的文化活动无不可以转化为数字符码传播到各类接收终端那里，供人们消费。

借助现代化的信息工具，人们在生活中不仅是文化的消费者，还是文化的创造者和生产者。昔日的“电视人”意指那些整日守在电视机前，被动地消费着大众传媒提供的产品的观众，今天的“屏幕人”则是在消费信息的同时，也从事着符号创造工作，所谓的“自媒体”就此产生。文字、图片、视频等各种由个人制作的信息被源源不断地传送到各种信息平台，这些平台则成为整合信息的工厂，将这些信息变成为可以流通的产品，输送到其他人那里，由他们进行消费或再加工。基于 Web2.0 发展起来的博客、微博以及其他社会性质的网络服务平台就是将信息个体生产与消费整合为一体的代表。组织性的文化生产与个体性的文化制作共存，彼此竞争又相互扶持，一起构筑起全球性的符号生产与消费的文化景观。

符号经济的繁荣要求更为丰富的资源，更为广阔的市场发展空间。为适应这一要求，国际文化贸易的范围和规模都在不断扩大。在这样的背景下，文化出口成为一个国家或地区的自然选择。

（三）文化出口成为发展潮流

冷战时代之后，和平与对话成为时代主题。束缚国际交流的意识形态渐渐淡出国际政治舞台，不再主导各国的对外文化政策，国际文化交流也经历了政治性、文化性、商业性等不同形态的演变，直到现在，这些因素交织在一起推动着越来越频繁的文化交流。经济全球化的趋势，使得文化交流逐步走向以商业性为主导，文化贸易越来越受到世界各国的重视，而能为本国带来经济效益和文化效益的文化出口更是备受重视。文化出口成为众多国家发展经济、扩大影响的重要手段。当前，在文化出口方面做得较为成功的依然是发达国家和地区。英国、德国、美国、日本和韩国是文化出口的佼佼者。

英国在布莱尔执政时期，采纳了创意经济之父约翰·霍金斯的建议，推动创意经济的发展，以创意带动文化出口。德国在图书版权方面的出口一直处于世界领先地位。欧洲诸强在文化出口方面的成绩受人重视，但是，值得我们学习的是美国、日本和韩国在文化出口方面所做的各种努力以及它们取得的经验。

与美国的文化产业强国地位相称，其文化出口在世界上首屈一指。美国并没有文化产业之名，而是以保护知识产权、保护创新为基本理念，来发展它的各种文化产业。以版权产业为核心，美国的文化产品和服务集中在影视、动漫、娱乐、图书、网游、软件和音乐等几大领域。在这些领域，美国都拥有领先于全球的人才、技术以及市场经验，诸多成功因素不仅有效地促进了美国文化产业的发展，也推动了美国的文化出口。美国的文化产品和服务出口一直居世界文化贸易的首位。它以跨国公司为主体，采用全球化运作的方式，建设全球性的美国文化消费网络，以世界为市场，向世界各国推销美国的文化产品。美国的文化出口以影视、图书、音乐、电子游戏为主。

日本是动漫大国，其动漫产品具有全球性的影响力。有数据表明，“全球播放的动画节目约有60%是日本制作的”[①]，中国、美国，以及东南亚各国都是日本动漫的消费国。日本国内不仅形成

① 张力文.世界动漫产业研究[J].今传媒.2011(4)：61—63.

了比较完善的动漫产业链，还形成了深厚的动漫文化，有着良好的动漫氛围。据对日本动漫有深入了解的芝远商务咨询有限公司王健先生介绍，日本的动漫产品有完整的筛选机制。它的动漫由杂志或报纸上的漫画连载开始，动漫制作公司通过竞赛或评选的方式从中筛选出受众喜欢的漫画形象、漫画故事开始包装创作，进入商业化运作的阶段。这样就很好地保证了动漫作品的质量和市场。①

韩国在文化产业方面取得的成功令世人瞩目，以韩剧为代表的“韩流”不仅席卷了亚洲诸国，还影响到非洲、欧洲，甚至影响到美国。韩国的文化出口得益于其文化立国的方针。1998年，金大中领导的韩国政府确立“文化立国”的基本方针。一方面从立法和融资入手为本国的文化产业发展提供法律保障和资金支持；一方面采用发展规模经济的手段推动文化产业发展，建立文化产业园区和集约化生产方式。受国情所限，韩国的国内市场规模较小，如果想在文化产业方面取得长足的发展，必须开拓国际市场。因此，韩国政府在发展文化产业之初，就将文化出口作为重要的发展方向，并取得了显著的成效。对比中韩文化贸易，褚薇薇将韩国对外文化贸易的成功归结为以下几点：第一，政府支持；第二，完善的产业人才培养体系；第三，成功的国际市场运作；第四，金融支持。② 其中，完善的人才培养体系和成功的国际市场运作是韩国文化出口成功的保证。韩国重视建立人才培养体系，架设学校教育与市场应用之间的桥梁。就以韩国的游戏人才培养为例，它以重点方向为突破口，强调教学内容与市场需求紧密，形成了职教、

---

① 根据对王健先生的访谈整理。

② 褚薇薇. 韩国文化贸易的成功对中国的启示[D]. 大连：东北财经大学，2007：16—21.

高教衔接的终身教育体系。[①] 为了适应发展的需要，韩国开始将这一教育体系向国外推广，从国外选择、培养游戏产业所需要人才，并直接应用于外向型的游戏公司。韩国游戏学院已经将其教学活动推广到中国，将前期开发与后期推广联系在一起，在中国培养大批韩国游戏爱好者，为其游戏出口提供了保障。

在文化出口中占据一席之地的各国，都在文化产业方面取得了一定的成绩，积累了成功经验。它们成功的模式各不相同。韩国的国家政策支持、日本的文化传统、美国保护知识产权以保护创新的环境，以及反对垄断以保护自由竞争的市场机制，这些都为文化出口提供了保障，更成为这些国家和地区创造具有国际竞争力的文化产品的保证。而具有国际市场和国际竞争力的文化产品和服务是文化出口的前提。

二、选题依据

（一）选题理由

文化出口在对外贸易乃至国民经济发展中的重要作用日益显著。为推动文化出口的成功，实现我国文化“走出去”的发展战略，各级政府、企业及科研单位各自从不同的角度给予多方面的支持。上海市政府博士后实践基地支持的项目“基于网络视频的中国文化传播”即是其中之一。该项目的初衷是借助新兴的网络平台，将我国优秀的传统文化数字化，通过互联网，采取国外认可的点击收费模式向海外传播中华文化。该项目的前期工作受到上海市文化部门的认可，也受到日本市场的追捧。

① 徐剑.韩国数字娱乐产业人才培养模式的借鉴与思考[J].游戏创造，2005(9)：23—25.

中日两国之间有着深厚的文化渊源，在很长的历史时期内，日本都将中国作为自己学习的目标，大量吸收学习中国文化。明治维新以后，日本学习西方，提前成为现代化的强国。清末民初，大批中国人到日本学习先进的文化，日本成为中国吸收西方文化的桥梁。20世纪30至40年代，日本军国主义者发动了侵华战争，给两国交往的历史抹上了最黑暗的一笔。这些复杂的历史让中日两国在文化与情感上都存在着错综复杂的关系。历史中形成的民族文化与民族情感成为文化出口中的结扣，它既联系着中日文化，也阻碍着中日文化的深入理解。如何成功实现对日文化出口，日本民众对中国文化产品与服务的认同就成为一个必须解决的问题。

将我国的文化出口到其他国家和地区也会遇到类似的问题。这也就是本研究课题的起因。

（二）选题条件

为完成“基于网络视频的文化出口”这一项目，笔者一直在该项目组参与调研、策划与开发，对项目的背景、进展、优劣等诸方面有着切身的体验，另外，也和项目负责人、项目小组成员之间建立起密切的关系，交流对项目、对文化出口的认识与理解，获取了丰富的第一手资料与实践经验。参与这一具体的案例，让笔者对具体的文化出口项目有了清晰、全面、直观的认识，也体会到从事文化出口的企业所遇到的困难以及解决的一般手段和途径。同时，通过对一些文化出口成功的案例进行调研，也了解文化出口的条件以及具体的运营方式。这些经历可以为本课题的研究提供经验支持。博士后期间，在李良荣老师的指导下，我对我国文化产业的区域发展，进行过认真的调研，对我国文化产业发展的现况有了较为整体的认识。

博士期间我所做研究属于艺术人类学领域，通过对人类学理论、历史的研究，树立了去我族中心主义的文化观，不仅对社会人类学的文化理论有一定的认识，同时熟悉了田野调查的人类学研究方法，对其应用的特长及不足均有认识。博士期间所做课题与认同理论相关，对方兴未艾的认同理论做过较深入的研究。博士后期间，在李老师及新闻学院诸位老师的指导和影响下，我研读新闻传播学的相关著作，对传播理论以及跨文化交流理论尤为重视，收获良多。这些学习、研究从学养上为做好本课题提供了基础。

三、选题意义

本课题具有一定的理论意义和现实意义，兹分述如下：

（一）理论意义

本课题的研究思路主要以应用型研究为主，借助由社会心理学、文化人类学发展起来的认同理论，在跨文化交流的框架下分析我国对外文化贸易中遇到的认同问题。其理论意义主要在于以下几个方面。

第一，将认同理论引入文化贸易领域，拓展了认同理论的适用范围。

认同研究是当前人文社会科学中的热点问题，“认同”一词几乎成为社会科学中的万能词汇，精神分析、心理学、人类学、政治学、社会学、历史学、传播学、哲学（逻辑学）等各个学科都将它作为一个学术概念来研究本领域中的问题。

从研究主题的角度进行的简单归纳、整理，并不能完全涵盖和“认同”相关的研究。事实上，许多围绕“认同”的研究都跨越了不同的学科，也融合了不同学科的研究方法和研究成果，发轫于心理学的“认同”研究越来越成为一个跨学科的概念，需要在跨学科的框架下，选择特定的对象进行研究。本课题研究以“文化出口的认同机制建构”为题，就是在综合人类学、传播学等诸学科的理论与经验基础上，努力将认同理论延伸到对外贸易领域，探索影响我国文化出口的深层因素，以及由此决定的途径。

第二，为文化出口的成功实施提供理论上的支点。

在文化“走出去”的战略指导下，我国的文化出口呈现出良好的增长势头。但是，一旦缺少了政府的背后支持，文化“走出去”的成功案例却并不多见。在文化出口方面，我国现行的策略是以政府为主导，采取多种手段“走出去”。短期来看，这种策略可以迅速取得成效，收获了华丽的文化出口业绩报告。长期来看，这种模式会因政府主导市场而受到国际社会的批评，影响到文化“走出去”的实际效果。另外，它还给我国的财政造成很大的负担。一方面，政府主导的对外文化推广会给政府造成非常大的负担。孔子学院、海外商演等文化交流活动现在都处于非营利性机构阶段，它们的成功都要依靠政府的大量投入，如果长期延续这种模式，势必会加重政府的负担。另一方面，政府为推动文化出口而采取了各种奖励、激励措施，这些措施如果实施不当，会变成一些企业的圈钱工具。它们会采用各种手段，制造文化“出口”的事实，以换取政府的各项支持。在出口无利的情况下，仍可以将政府支持直接或变现为企业收益，从而让政府为其生存与发展买单，从而加重政府的负担。长此以往，一系列的负面效果必将逐渐释放，不仅会冲淡现在所取得的成绩，还会形成不利于文化出口的局面。因此，从市场出发探索文化出口的成功模式就显得较为急迫。

探索文化出口的成功模式首先要认清它的属性。我国在一般商品及服务出口上已经积累了丰富的经验，具备了较强的国际竞争优势。这些优势只是针对非文化商品及服务的出口而言的。将打造这些优势的手段完全移植到文化商品与服务出口中，因其匹配程度不高，很难取得成效。进一步而言，单纯从商品出口的角度考量，完全根据市场供需原则，采用国际贸易中惯常的思维模式无法解决文化出口不畅的问题。原因何在？这主要因为文化出口自身的特殊性。文化出口既是对外国际贸易的分支，又是跨文化交流的重要途径。文化出口的对象是文化商品及相应的服务，它既具有商品属性，也具有文化属性，正是文化属性增加了文化出口的难度。

（二）现实意义

当前，我国对文化出口的重视有增无减。它在促进文化交流的同时，扩展了我国的对外贸易领域，在经济上赚取利润、政治上提升我国的国家形象与国际地位，文化上增强中华民族所创造文化的国际竞争力，也增强了自身的生命力，有助于提升我国的软实力，确保文化安全。

由于种种原因，我国的文化出口一直不能尽如人意。本研究借助新闻传播学、人类学的相关理论，从跨文化交流的视角出发，对文化出口过程中涉及的“认同”问题进行深入的剖析。并在此基础上，提出建构“认同”的若干机制，为文化出口的具体实施提出合理的建议。具体而言，本研究可以从以下两个方面促进文化出口。

第一，有助于明确外向型文化产品的开发策略。

文化产业、创意经济越来越成为世界经济发展的潮流。推动文化产业发展是我国经济转型的重要战略举措。其中，发展外向型文化经济，实施文化“走出去”的战略决策，是经济转型的方向之一。

文化出口不畅的原因很多，没有合适的文化产品是关键之一。针对出口开发的文化产品和服务具有外向型的特征。在实践上将外向型的特征具体化为可操作的内容是文化出口企业必须考虑的问题。而从文化符号层面考察文化出口目标区域的接受程度，在他者认同的基础上，有针对性地进行文化产品与服务的开发、设计和生产，有助于文化出口的成功。

第二，有助于拓展海外文化市场的途径。

为文化出口提供策略和建议的专家学者们都指出积极开拓海外文化消费市场的重要性。然而，不了解海外文化市场，我国文化产品难以走出国门。进行市场调研是文化出口的第一步。一般而言，了解市场就是了解需求与竞争。营销学的发展已经为市场调研提供了许多比较成熟的、可操作模型。对海外文化市场调查来说，除了采用这些模型之外，还需要超越需求分析、竞争、定位等惯常的营销调研手段，需要超越文化带给我们的局限。这要求调研者深入到他者的文化层面，先抱有同情理解之心，理解异文化系统，从中了解他者之需。进而明确本土文化和他者文化的兼容性，从彼此理解、相互接纳的角度来设计、生产并提供相应的文化商品和文化服务，也就是把文化出口建立在彼此认同的基础上。

对认同理论在文化出口中的应用研究，就是要探索实现彼此认同的有效途径、可操作的方法和机制，以帮助人们在市场调研、产品开发、产品推广等各个阶段都可以在充分理解他者文化的前提下进行。最终，在理解他者的基础上，有效开拓海外文化市场，实现文化出口。

第二节　研究思路

本课题的研究思路是将文化出口放在跨文化交流和认同理论的框架内，通过对文化出口性质与现状的分析，指出认同壁垒对文化出口的阻碍作用，并在此基础上提出相应的解决方案。

一、理论框架

本课题所采用的理论框架主要是新闻传播学中的跨文化交流理论和人类学学科中的文化认同理论。将文化出口视为跨文化交流的一部分，将文化认同视为文化出口的条件，以此为理论前提进行实证研究。

（一）跨文化传播理论

文化出口的基本定义是在现代国际法认可的不同国家和地区之间进行的文化贸易出口。它既是一种商业行为，也是一种文化交流行为。现代国家基本是以民族为基础建立起来的民族国家，其政治因素和民族因素、文化因素交织在一起。政权由民族兴，民族由文化续。出于国家政权的考虑，民族国家在文化建设上都投入了巨大精力。走出野蛮状态之后，文化就成为民族得以形成、延续的核心，失去了相应的文化基因，民族身份也就成为空谈。特定历史阶段，一些民族会因各种因素丧失自身的文化基因，失去了民族文化特性的民族也就失去了与其他民族相区别的参照体系，从而丧失了民族文化身份，其基于血缘关系形成的民族纽带也会因这文化的损失而变得松散不堪。民族消亡只是时间问题。以民族为认同核心建立起来的民族国家凝聚自身、区别他国的手段就是强调文化身份。这一历史过程强调并强化了不同国家和地区之间的文化差异。

文化差异的存在让文化出口具有了文化交流的属性。因此有必要从跨文化交流的角度来审视文化出口现象。从文化差异的成因、文化差异的作用，以及如何跨越文化差异等诸多方面进行考察，而不仅仅将其作为一种纯粹的商业行为，一种牟利的手段。

（二）认同理论

文化出口多数是在不同文化的国家和地区之间展开，既需要遵循基本的市场规律，遵循供求法则，也需要考虑文化产品特有的接受模式。实现文化出口需要跨越文化上的差异，实现贸易双方在文化上的认同。

文化认同是人类学、民族学在研究文化交流时经常采用的一种研究视角。它的目的是研究文化环境变迁、文化情境差异的条件下，个体或群体对文化的接受并受其涵化的过程。意识形态、宗教信仰、行为制度等因素既包含在广义的文化中，也与狭义的文化交织在一起，互融共存。政治意识形态、宗教信仰等领域认同也就影响到文化出口。这就有必要采用社会心理学、文化人类学中的认同理论，借助社会认同、符号互动的视角来分析文化出口。

（三）文化消费理论

20 世纪 90 年代之前，从意识形态的角度界定文化是我国流行的文化观。把文化作为一种独立的文明形态的思想虽然广泛地存在于政府、学界、民间，但无论从思想观念，还是文化操作行为上，文化都具有强烈的意识形态色彩，它和价值观密不可分。因此，文化具有崇高性与神圣性，是参与国家与社会建构的关键力量。同时，计划经济及其塑造的思维惯性的决定性影响，使得整个社会难以将文化的形象消解与普罗大众的消费品。这使得我国的文化消费发展远远落后于西方发达国家，对文化消费的研究更无从谈起。

第二次世界大战后，以欧美为代表的西方世界在经历战后重建之后，在工业革命深入发展的基础上，消费文化兴起。消费文化的深化必然带来社会消费行为从物的消费向符号消费的转变。符号消费的兴起与发展意味着文化自身在传统社会结构框架中的断裂与重构。无论英国伯明翰学派的大众文化研究，还是德国法兰克福学派对文化工作的反思，从消费的角度切入研究文化成为重要的学术范式。而美国的传播学研究更是为文化消费的研究提供了简便、实用的工具。

文化出口的理论预设之一就是将文化视为消费品，是一种可以进行交换的商品。文化商品具有特殊性，根据目前我国各界达成的共识来看，同时具有社会价值和经济（商业）价值就是这一特殊性在抽象层面的概括。如何具体看待文化商品在价值方面的双重性，在文化出口过程中，这一双重性如何体现？从认同的角度来回答这些问题是本课题所做的尝试。

二、研究方法

对同一个研究对象，可以从不同角度、不同层面提出问题，针对这些问题可以采取多种研究方法。这些问题和方法并不是主观决定的，而是在特定的条件下、特定的情境中的优化选择。本课题所采用的研究方法就和研究者自身的学术背景、研究经历以及对课题的参与方式有着密切的联系。在研究过程中，主要从人类学与跨文化交流的学术视野出发，将研究的切入点设定为跨文化交流过程中的“认同机制”，采用了文献研究、实地调研、案例研究等方法。通过调研、访谈等手段来探讨文化出口中建构认同机制的意义、途径和手段。

（一）文献研究

作为最基本的一种研究方法，文献研究不仅可以让我们清楚问题的现状，以及以往的研究进展，还可以为我们提供解决问题的思路和框架。所以，文献研究是本课题研究过程中必不可少的一种方法。通过梳理以往的研究成果，了解对外文化贸易尤其是文化出口的研究的前沿问题，以及认同理论在当前我国的应用情况，这些不仅成为研究的起点，还为本课题提供了有益的参照和材料支持。

（二）案例研究

美国麻省理工学院政治学教授和国际关系与国际安全研究专家斯蒂芬·范埃弗拉把案例研究的目的概括为五个方面“检验理论、创造理论、辨识前提条件、检验前提条件的重要性，以及解释具有内在重要价值的案例”①。这些可以被看作从理论研究的角度对案例研究的功能所做的归纳，从应用、实践的角度考察，案例研究可以提供三种参照。一是描述现象或事物的过去、现状和未来趋势。由于案例具有非结构化特点，还没有被既成理论框架切割，可以提供具体且丰富的信息，为人们的全面、整体理解提供了可能。二是具体案例可以解释一些现象出现的原因。现有的理论无法回答所有的问题，也无法为理解所有问题提供理解的框架，案例则用事实说话，告诉人们难以归纳的原因。三是通过案例可以探索一些相关因素和事物发展之间的关系，对事物发展进行动力分析。

本课题研究以文化出口为对象，研究其中的认同机制建构问题，兼顾理论与应用。运用案例研究法不仅可以直观地看出文化出口的成功要素有哪些，不足之处又在哪里，还可以见微知著，从具体的案例中探讨这些要素或原因出现的条件，从而为建构成功机制提供保障。

本研究中涉及的一些具体案例有：对美国第三大演艺中心布

① 斯蒂芬·范埃弗拉.政治学研究方法指南[M].陈琪，译.北京：北京大学出版社，2006：53.

兰森白宫剧场收购案[1]、今日动画影视公司《中华小子》出口启示、上海芝远商务咨询有限公司电视剧出口以及文化出口网络平台“悠讲网”的建设、上海大剧院画廊中国艺术品出口等，借助这些案例，分析具体的问题。

文化出口不只是一句口号，也不能仅仅停留在政策层面，而是要依靠多方参与、各级组织机构推动，最后由从事文化出口的具体企业来实现。这些企业的成功经验、失败教训对文化出口来说都具有极其重要的参考价值。

（三）实地研究（田野调查）

“实地研究（field research）是一种深入到研究现象的生活背景中，以参与观察和无结构访谈的方式收集资料，并通过对这些资料的定性分析来理解和解释现象的社会研究方式。”[2]实地研究的方法源于人类学，我国当前的人类学界多把“field research”译为“田野调查”。田野调查的研究成果一般以民族志的形式呈现出来。和其他研究方法比较，“田野调查”具有一些独特的优点。田野调查的核心是参与观察（participate observe），有人也将之译为“局内观察”。参与内容就是置身于所研究事物之中，亲身体验、领悟，和研究对象打成一片，才会有洞察，才能发现“最隐晦的背景”，发现自己所要的东西。[3]

本课题研究者于 2009 年 11 月进入上海芝远商务咨询有限公司，参与对外文化出口平台“悠讲网”的总体策划与开发。借助对具体文化出口项目的参与观察，研究者对该企业在文化出口中所

① 张玉玲. 海外收购剧院：立得住的一步——《功夫传奇》正式驻演美国布兰森白宫剧院[N]. 光明日报，2010－07－04(2).
② 风笑天. 社会学研究方法[M]. 2 版. 北京：中国人民大学出版社，2005：247.
③ 徐亦如. 实地研究与局内观察[M]//凌纯声，林耀华. 20 世纪中国人类学民族学研究方法与方法论. 北京：民族出版社，2003：47.

取得成绩以及遇到的问题有着深切的了解，对公司所处的内外环境以及公司内部同仁在推动文化出口方面做出的努力也有着清晰的认识。对具体公司、具体项目的体验为全面的反思提供了良好的基础。

本研究结果并没有采用“民族志”的形式，而是采取了具体的实证分析和抽象的逻辑推演相结合的方式。之所以如此是由研究者力图解决的问题决定的。本研究的一个基本前提和理论预设可以表述为：文化出口的最为棘手的问题就是跨文化认同。为了阐明这一问题的意义，以及它在文化出口中的位置，本报告的撰写采取了逻辑性更强的框架，从抽象的认同理论出发，到文化出口中的认同问题，再到通过建构认同机制来解决问题。

第三节 研究综述

虽然可以把文化出口研究的历史追溯到文化贸易史以及文化交流史的研究中，但是，由于我国的文化出口尚处于起步阶段，以文化出口为明确的研究对象，专注于文化出口的研究在我国学界还处于滥觞之际，对与文化出口相关的许多研究也处于探索之中。

我国对文化出口的研究起步于新闻界对国外文化出口情况的报道。2002 年，《出版参考》介绍日本文化厅决定实施文学出口工程，派专员以购、配、送的方式向海外大学和图书馆赠送日本著名作家的作品，目的是向世界推介日本文学，让日本文学登上世界文坛。[①] 2003 年 1 月，《中国文化报》发表记者李静的文章《涉外文化

① 大正. 日本文化厅实施文学出口工程[J]. 出版参考，2002(11)：34.

产业发展中的软肋：文化软件的出口》，反映政府和学界共同关心的话题，在文化硬件出口增强之后，如何增强文化软件出口。2003年2月25日，《光明日报》报道了韩国文化产品出口大幅增长的情况。[①] 2004年，贝兆健撰文分析上海对外文化贸易逆差的原因并提出应对措施，虽然是针对上海一地而发，却具有一定的普遍性。[②]

2005年，与文化出口相关的报道和文章开始增加，议题集中在文化出口不畅的原因和探索推动文化出口的策略上。葛志玉指出我国在文化出口方面的三大劣势：结构性劣势，文化产品结构单一；特质性劣势，出口文化产品缺乏时代感；对海外文化市场的产品需求存在认知性劣势。[③] 对我国文化出口的不利因素做出了较准确的描述。花建提出要发展我国对外文化贸易的战略视野，在总结全球文化贸易三大趋势后，指出中国文化走出去的三个关键：一是“创作和研发出大批代表中国民族文化、又为国际文化市场所欢迎、具有自主知识产权的优秀作品”；二是“促进现代科技与文化创意的结合，以科技含量高、文化含量高、服务质量高的‘三高’产品，在国际文化市场上占有一席之地”；三是“建立一整套经常调整的、重在促进对外文化的法律和政策，以体制创新来积累竞争优势”[④]。这些建议目前多被采纳，成为思考和实践的出发点。李怀亮于当年出版了《当代国际文化贸易与文化竞争》一书，这部著作从宏观出发，对全球化背景下影响文化贸易的思潮做出自己的判断，他认为文化普遍主义和文化多元主义之间的冲突造成了

① 夏茂盛. 韩国文化产品出口大幅增长[N]. 光明日报，2003-02-25.
② 贝兆健. 推动上海文化贸易出口的对策与思考[N]. 中国文化报，2004-11-30.
③ 葛志玉. 三大劣势制约我国文化出口[N]. 中国经济导报，2005-07-23(B1).
④ 花建. 发展中国对外文化贸易的战略视野[J]. 探索与争鸣. 2005(6)：44—46.

对待国际文化贸易的两种态度，影响到西方各国的文化产业政策。另外，他还具体研究国际版权贸易、国际电视节目贸易，在此基础上对我国的版权贸易、影视国际化市场建设，以及我国对外贸易的发展战略提出自己的见解。李怀亮的研究相当准确地把握了影响国际文化贸易发展的思潮，开放国际文化市场和保护本国本民族文化遗产和文化产业的矛盾至今仍在困扰着国际文化贸易的发展。他提出的走产业化之路，参与国际文化竞争规则塑造，提升国家文化形象等观点也已经成为文化出口的业界常识。

2006 年，深圳的文化产品出口情况成为关注的重点，大量与文化出口相关的报道都以深圳为题，原因有二：一方面深圳在文化出口上取得了明显的成绩，"仅出口到美国、加拿大、澳大利亚、韩国、印度尼西亚、新加坡的动漫产品合同额就有 2 300 万元"；[①] 另一方面，第二届深圳文博会成为中国文化产品出口的新平台。[②] 同时，对韩国文化出口经验的关注度持续走高，在电视剧、娱乐明星的带动下，韩国文化衍生品出口也出现大幅增长。[③] 韩国文化出口的衍生效应令人沉思。同年，创新在文化出口中的作用受人关注，王雪野撰文指出创新在提升文化产业和推进对外文化贸易方面的重要性，强调要在文化创新进程中推进对外文化贸易。[④]

进入 2007 年以后，国内有关文化出口的报道以及相关的学术研究开始大量增加。报道内容依然集中于文化出口现状分析以及政府采取的相关措施方面；学术研究方面，则以总结他国经验、对

① 文绮，荣强，车俏冰. 深圳文化产品出口欧美[N]. 中国税务报，2006 - 05 - 26(2).
② 魏晓薇. 第二届深圳文博会进入攻坚阶段 千方百计推动中国文化产品出口[N]. 中国新闻出版报，2006 - 02 - 24(1).
③ 王长路. 文化出口战略下的韩流[N]. 中国妇女报，2006 - 01 - 02(1).
④ 王雪野. 文化创新与发展对外文化贸易[J]. 理论前沿，2006(14)：37—38.

比分析差距[①]、提出对策[②]的研究为主。同时，各方力量开始联合，组成中国文化出口对策课题组，进行综合研究，从国际文化贸易的竞争格局与发展趋势、发展对外文化贸易的意义、我国文化出口的现状与增长空间，以及促进中国文化出口的政策措施等几个方面，采取整体的视角对文化出口进行研究。[③]《人民日报》的编辑张帆从文化认同的角度来分析文化贸易，认为文化认同是文化产品生成的先决条件，他借用“中心-边缘”“主导-从属”的概念框架来描述世界文化贸易格局，认为中国文化出口是向处于国际文化贸易中心位置的欧美等发达国家和地区争夺符号资本，捍卫文化权益，以避免被边缘化的命运。[④] 这种观点很容易取得认同，反文化霸权的思想鲜明有力。遗憾的是张帆眼中文化认同只是本土文化的认同，缺少以跨文化认同的视角来考察国际文化贸易。

2008 年，因美国次贷危机引发的经济危机波及全球，我国的文化出口在逆势上扬的同时，仍没有摆脱整体入超的状况。研究的焦点集中在对外文化贸易逆差的成因以及应对措施上。郭长建指出我国图书出口缺乏对国外读者阅读兴趣、习惯的洞察，选题策划无针对性，图书的叙述方式以及涉及的理念都难以适应海外市场的要求。[⑤] 图书出口方面的问题具有一定的代表性，对海外市场和海外文化消费心理、消费习惯缺少认知，一直制约着我国的文

① 杨柏峰. 中美国际文化贸易的比较分析[J]. 科技经济市场，2007(2)：110—112.
② 蒋晓梅. 中国对外文化贸易的现状、原因与对策[J]. 辽宁工程技术大学学报(社会科学版)，2007(3)：178—280.
③ 中国文化出口对策研究课题组. 中国文化出口对策研究[J]. 国际贸易，2007(11)：24—27.
④ 张帆. 文化贸易与文化认同[J]. 思想战线，2007(3)：94—98.
⑤ 薛泓秀. 文化“出口”要“投其所好”[N]. 2008 - 05 - 10(4).

化出口。一些学者从对比分析数据入手，用实证的方法来考察我国文化贸易逆差的成因，其中，谢晓琴、易锐指出我国对外文化贸易逆差的成因在于中外文化之间的隔阂和战略性文化贸易与产业政策缺位，并提出相应的应对措施。① 中外文化之间的隔阂的确是影响我国文化出口的深层原因，这种隔阂主要表现为中国文化不为人知，需要通过交流与推广加以解决。而李怀亮在分析我国文化贸易现状之后，提出的文化出口策略中，每个方面都涉及提高对海外文化市场和文化他者的认知，要以海外市场为标准来提高出口产品质量和品种、从熟悉国际定价原则入手要效益、要有海外的发行渠道、培养了解国际文化贸易的骨干和后备人才、在发扬传统民族文化的基础上广泛吸收世界文化资源。② 从这些研究可以看出，为实现文化出口首先要了解国际文化市场已经成为各界的共识。

2009 年，我国国际文化贸易逆差依然是众多学者关注的重要议题，李志鹏和吴沛桦③，李雍④⑤，刘婷⑥，缪凯和姚拓洲⑦，缪凯、姚拓洲和郭新茹⑧等学者相继对这一议题进行分析，并提出一些

① 谢晓芹，易锐. 论当前我国对外文化贸易逆差问题[J]. 经济论坛，2008(14)：57—59.

② 李怀亮. 国际文化贸易格局下的中国文化出口策略[J]. 现代经济探讨，2008(3)：73—77.

③ 李志鹏，吴沛桦. 提升我国文化产业出口水平的建议[J]. 当代经济，2009(3)：90—91.

④ 李雍. 我国国际文化贸易发展现状逆差及对策研究[J]. 今日南国(理论创新版). 2009(7)：109—110.

⑤ 李雍. 我国国际文化贸易逆差原因探讨[J]. 现代商贸工业，2009(15)：106—107.

⑥ 刘婷. 我国对外文化贸易的现状、问题及对策研究[J]. 黑龙江对外经贸，2009(3)：44—47.

⑦ 缪凯，姚拓洲. 我国对外文化贸易逆差的原因及应对[J]. 理论前沿，2009(5)：33—35.

⑧ 缪凯，姚拓洲，郭新茹. 我国对外文化贸易逆差的原因及应对[J]. 特区经济，2009(6)：200—201.

应对策略。这些延续性的讨论也暴露出我国在文化出口研究中的不足之处。一些研究停留在现象描述层面，缺乏对问题细致、深入的分析，多是泛泛而谈，所提出的一些应对措施和策略也大多雷同。也有少数研究着眼于更加具体的环节，比如，周卓提出的要加强文化用品出口企业的品牌建设，[①]李清亮提出的营造文化贸易环境与合理选择目标市场。[②] 这些相对微观的研究反而为文化出口实践提出了具有参考价值的建议。值得重视的是薛华有关中美贸易中的文化折扣研究，“系统探讨文化折扣的表象、原因、发生规律，总结认识中美电影在跨国传播中应对文化折扣的经验，提出规避文化折扣的传播策略及可能存在的问题”[③]。

2010 年，亟待解决的文化出口之困依然存在。张颖为中国文化创意产品出口提出了具体战略措施，其中两条值得重视。一是文化创意产品要在“中国元素”的基础上有所创新，处理好产品差异化与价值普遍性的关系；二是要进一步放松文化管制。[④] 文化产品的核心是文化内容，因此，可以把产品差异化改为文化差异化。处理好文化差异化和价值普遍性的关系正是我国文化出口需要直面并解决的问题。长期以来，人们自以为合理的文化观念在一定程度上制约了文化出口，那就是固守传统文化特色，把中国传统文化等同于中国文化，这一观念忽视了华夏文明自古就有的包容性和创新性，把保守当坚守，这显然不利于文化创新和文化出口。处理好和普遍性价值的关系，放松文化管制可以为创新提供良好的环境，从而为文化出口创造有利的条件。这样的观点越来

---

① 周卓．论加强文化用品出口企业的品牌建设[J]．中国制笔，2009(2)：30—33.
② 李清亮．我国文化产品出口现状分析及政策研究[J]．中国改革，2009(8)：75—77.
③ 薛华．中美电影贸易中的文化折扣研究[D]．北京：中国传媒大学，2009：I.
④ 张颖．中国文化创意产品出口战略研究[J]．当代经济管理，2010(1)：51—54.

越受到人们的赞同。“全球文化整合创新再输出”就是一些企业推动文化出口时采取的有效策略，在坚持继续传统文化的同时，以综合创新推动出口。[①]

2011年以后，我国文化出口的贸易额继续保持高速增长，大量相关报道出现在各种媒体，中央各级部门以及文化出口成绩领先的省市都视之为重要政绩。关于文化出口的研究也呈现出一些新的特点。

一是开始出现相对系统性的研究。陈柏福采用国际贸易的视角，在综合前人的基础上，探讨各种国际贸易理论在中国文化出口中的适用性，为理解文化出口提供了比较系统的贸易理论视角，为研究的深入提供了新的思路。他从政策、产品、人才、资本等四个层面对美、英、日、韩等文化出口强国的经验所做的整理与总结也较以前的研究更为系统。在分析、整理以往研究的基础上，对中国文化出口经验进行实证分析，提出了一系列的对策与建议，不仅带有理论深度，还具有实用价值。[②]

二是越来越多的学者自觉借助传播学的框架，从跨文化传播的角度探索文化出口的具体策略。其中，传播效果研究被有意引入研究中，海外受众类型、受众接受期待等成为分析文化出口不利的原因时的重要视角。陈旭光对中国电影大片海外推广策略的建议中，提出要正确处理本土文化传播与全球文化接受、本土市场与国际市场的二元对立，注意满足海外受众对中国电影的“期待视野”。[③] 程曼丽指出，我国文化出口产品没有《功夫熊猫》等好莱坞

---

① 周婷. 文化出口：民族的才是世界的[N]. 中国证券报，2011-10-26(A10).

② 陈柏福. 我国文化产业“走出去”发展研究：基于文化产品和服务的国际贸易视角[M]. 厦门：厦门大学出版社，2011.

③ 陈旭光. 中国电影大片的海外市场推广及其策略[J]. 现代传播(中国传媒大学学报)，2011(3)：59—63.

电影在中国席卷票房那般幸运，原因“就出在传播内容与受众知识、经验的重合度上”[①]。盛芳的研究则以《人民日报·海外版》的新闻报道在海外的影响为例，直指对外传播中的文化认同困境，认为“中西方的文化差异、修辞策略的不同”会影响我们的对外传播，无法达到我们预期的效果。[②] 这一观点虽是针对我国的对外传播而言，但完全适用于文化出口。无论是海外受众的期待视野，还是中西方经验的重合度，都和文化认同有着直接的关系。我国文化出口不畅的原因很多，唯有因文化差异引起的认同障碍最难以把握，也最难以突破。

三是借助文化折扣、文化距离和文化维度等概念框架分析文化出口的研究大量出现。2011 年，北京师范大学与美国国际数据集团(IDG)合作进行的一项有关中国电影海外市场和国际传播的调查研究，指出文化折扣成为阻碍我国电影出口的重要原因。[③] 其后，侯泽敏、李书慧、孙志国等人做了“文化折扣”对我国电影出口的影响研究，[④]同样的研究者有邹超、尹秀艳[⑤]和王素娅[⑥]。邹超、庞禛在分析成因的基础上提出了相应的解决方案[⑦]，苏雨濛的研究则更加扎实和系统[⑧]。贾佳、于思齐则把分析的重点放在纪

---

① 程曼丽. 为什么中国文化产品出口难：由电影《功夫熊猫 2》上映想到的[J]. 新闻与写作，2011(7)：65—66.

② 盛芳. 对外传播中的文化认同困境：以《人民日报·海外版》为例[J]. 传媒观察，2011(12)：36—37.

③ 李舫. “文化折扣”阻碍中国电影远行[N]. 人民日报，2012-02-24(17).

④ 侯泽敏，李书慧，孙志国，等. “文化折扣”对我国电影出口的影响研究[J]. 中国市场，2012(44)：18—19，42.

⑤ 邹超，尹秀艳. 我国电影产业出口贸易中文化折扣现象分析[J]. 财经理论研究，2013(2)：82—86.

⑥ 王素娅. 中国电影跨文化传播的文化折扣问题研究[D]. 郑州：郑州大学，2014.

⑦ 邹超，庞禛. 我国电影出口贸易中文化折扣的成因、影响及对策分析[J]. 北京城市学院学报，2013(5)：39—44.

⑧ 苏雨濛. 文化折扣视角下的中国电影国际化之路[D]. 武汉：华中师范大学，2017.

录片的出口上[①]。用文化折扣分析更为宽泛的文化出口的学者有叶琳、王增涛、王玉苹[②]，钟晓玥则联系消费成瘾性，结合文化折扣来分析我国核心文化产品的出口[③]。

文化折扣和文化距离之间存在着正相关关系，以文化距离为框架，借助霍夫斯塔德提出的文化维度理论研究文化出口贸易的学者在不断增加。曹麦、苗莉青分析了文化距离、制度距离对文化服务出口的影响[④]，其后，文化距离的影响分析集中在核心文化商品进出口[⑤]、文化创意产品出口[⑥]、核心文化产品出口[⑦]等方面，曾麒玥、龚璞的研究则以"一带一路"沿线国家为例，研究文化距离对中国核心文化产品集中度的影响[⑧]，具有一定时代性。秦可德、秦月、徐长乐在数据分析的基础上，就文化距离和出口贸易地理方向变化的相关性所进行的实证分析虽然侧重点不在文化出口方面，[⑨]其研究方法值得借鉴，有助于将这类研究引向深化。田晖、颜帅的研究同样建立在实证基础上，研究文化距离和出口广度、出

① 贾佳，于思齐. 文化折扣视角下我国纪录片出口的困境与对策[J]. 对外传播，2016(7)：60—62.

② 叶琳，王增涛，王玉苹，等. 文化折扣对我国文化产品出口贸易的影响[J]. 文化产业研究，2015(2)：138—151.

③ 钟晓玥. 消费成瘾性、文化折扣与中国核心文化产品出口[D]. 武汉：华中科技大学，2016.

④ 曹麦，苗莉青. 文化距离、制度距离对中国文化服务出口的影响[J]. 商业时代，2013(6)：63—64.

⑤ 樊艳茹. 文化距离对中国核心文化商品进、出口贸易的影响分析[D]. 成都：西南财经大学，2013.

⑥ 程娟. 文化距离与中国文化创意产品出口[D]. 广州：广东外语外贸大学，2014.

⑦ 郭玉晗. 文化距离对中国核心文化产品出口贸易的影响分析[D]. 济南：山东大学，2015.

⑧ 曾麒玥，龚璞. 文化距离对中国核心文化产品出口集中度的影响研究：以"一带一路"沿线国家为例[J]. 国际商务(对外经济贸易大学学报)，2017(5)：31—41.

⑨ 秦可德，秦月，徐长乐，等. 文化距离与出口贸易地理方向变化实证研究：基于中国数据的分析[J]. 地域研究与开发，2014(1)：12—16.

口数量和出口价格的相关性。[①] 徐元国、徐心楚的研究考察文化维度、市场信号与票房绩效之间的复杂关系[②],都从不同角度将这类研究引向深化,增进了人们的认识。

四是关于区域文化出口业绩和对策的研究接连出现。北京、上海、广东、浙江、江苏、山东、陕西等省(直辖市),甚至金华等地级市的文化出口都有学者进行研究,列举成绩、分析现象、提出对策是主要研究内容。另外,从借鉴的角度出发,一些学者开始重视对日本、韩国、美国等文化出口政策、经验的研究,也取得了值得关注的成果。由于这些研究和本研究主题关联度不高,这里不一一列举。

回顾我国各界对文化出口的研究,可以看出,应用研究占据了主要的地位,发出号召、分析现状、提出问题、列举策略是文化出口研究的主要议题。对文化出口的意义分析、难题成因、政策制定、路径选择等方面的研究均取得了一定的进展,也初步达成了一些共识,可以为我国的文化出口提供一定的智力支持。研究中的不足也比较突出,具体表现在研究方向不明确、缺乏真正的问题意识、内容雷同的"研究成果"反复出现,采用"文化折扣""文化接近""文化维度"等国外学者提出的概念框架进行研究时缺少必要的反思,缺少理论建构的尝试。

本课题以认同机制的建构为切入点,目的是将文化出口研究引向具体和深入。在笔者看来,文化折扣、文化接近性等概念的核

---

① 田晖,颜帅. 文化距离对中国文化产品出口的影响研究:基于三元边际的实证考察[J]. 经济经纬,2015(6):71—77.

② 徐元国,徐心楚. 国家文化维度、电影市场信号与票房绩效:基于 HLM 模型的实证分析[J]. 国际贸易问题,2015(12):15—26.

心内涵在文化认同上。文化维度是对文化概念所做的具体化实践，对文化接近性、文化折扣等概念做了有益的补充，让这些概念丰富起来。同样，在概念具体化的逻辑层面，文化认同也可以获得文化维度概念在学理层面和操作层面的支持。文化认同这一概念，对当前西方学术界提出的文化折扣、文化距离、文化维度等概念具有一定的整合能力。研究文化出口中的认同机制建构，不仅有助于将我国文化出口的研究引向深化，也会在理论建构上有所贡献。

第一章　文化出口的时代规定

文化“走出去”战略确立以后，文化出口受到的重视程度不断提升。从政府到民间，从管理机构到文化企业，大家都把目光投向了海外市场，投向我国文化产品和服务鲜少跨进的区域。一些人相信那里是中国文化产品与服务有待开发的“蓝海”，充满了机会。于是，各类组织，不同层面，采取各种手段，推动文化出口。每个参与者都想把文化贸易之舟划到那片海域，为它提供广阔游弋空间。然而，文化出海前需要明白文化出口过程中那条文化之舟是什么样的，应该具备哪些特征？它对我们来说意味着什么？无法打破认识上的诸多局限，正确回答这些问题，出口文化产品与服务的开发便会受到制约。因此，有必要对文化出口的含义、特性、意义等文化出口所需要的前提条件加以分析、讨论。

第一节　文化出口的界定

尽管唯名论思想不断受到质疑和批判，尽管无定义就无法探讨对象的观念不断受到挑战，在分析、讨论问题之前，界定对象仍然必不可少。这是因为我们只有凭借不断定义、解构、重新定义概念，才能在思维中构建对事物的判断，也就是说，界定概念是厘清我们的认识的基础工作，也是明确对象的必经之路。探讨文化出口，也不例外，需要对其做出明确的界定。尤其是以政策引导为推手，以外生力量为驱动力的文化出口，在实践过程中，会受到各种利益相关方的介入，每一方都根据各自的权益出发对文化出口进行阐释与界定。这些行为在丰富文化出口内涵的同时，也模糊了文化出口的界限。因此，无论从理论还是实践层面，都要求对文化出口进行清晰的界定。从文化出口的实际情况出发，这里对其给出两个概念方面的规定：第一，文化出口是文化符号的输出；第二，消费性是其根本特征。

一、作为文化符号输出的文化出口

根据字面意义，文化出口可以直接理解为出口文化，也就是以商业手段将本土文化输出到其他国家和地区，简而言之，就是向海外其他地区推销文化。然而，常识判断往往经不起深入细致的追问，想当然的界定貌似合理，却难以操作。在现实当中，如何确定文化出口的内容？这本身就是一个不小的难题。“文化”概念的多义性和复杂性本身已经令思维难以把握，建立在多义性与复杂性上的人为解释也增加了把握的难度。如果不对“文化”概念给出一个相对合理、清晰的界定，很难将文化出口解释清楚，也就无法在操作层面上取得真正的成效。

出于各种各样的目的，许多学者都曾企图给“文化”这个概念做出一个精当的定义。为了界定文化出口的内涵，我们也需要有自己的“文化”定义。当我们讨论“文化”的定义时，不得不面对另一个问题：中西方文化背景、文化语境的差异所导致的界定偏向。

在中国传统文化中，“文化”更像一个动词，人们用它来指代一个过程。如果追溯它的源头，会发现上古时期“文”和“化”并没有合二为一，而是单独使用。东汉的许慎在《说文解字》中释“文”为“错画也，象交文”①。许慎的解释应是延续了先人世代相传的用法，在近代发现的商代甲骨文献中，不同的“文”字的字形大体相近，“象正立之人形，胸部有刻画纹饰，故以文身之纹为文”②。这就是说，古代的中国人在眼中，绘饰自己的身体就是“文”，从这一基本义又引申出其他含义，与之相近的行为及其结果也是“文”。甲骨文献中“化”的字形“象一人正一人倒之形”③，用来表示何义尚无定论，许慎将之解释为“教行也”。④ 与我国上古文献中所出现的“化”的字的含义大体一致。两字一齐出现的场合最早见于《周易·贲·象》中：“刚柔交错，天文也。文明以止，人文也。观乎天文以察时变，观乎人文以化成天下。”⑤“观乎人文以化成天下”也就要借观审人文的情况，并借其来教化天下，所谓教化也就是使人从野蛮走向文明。而教化所借助的手段就是“文”，以人文教化天下的思想一直为后世沿用。也就是说当时的“文”和“化”虽然没有合用，但它们合在一起表达的意思——人文教化——却被后世发挥、延伸并沿袭。

我们今天所用的“文化”一词，则带有更多西方的色彩，在诸多讨论“文化”概念的文献中，追溯的往往是西方文化语境中的“文化”概念史，无论耕作之义的拉丁语词根，还是由农艺或园艺概念引申出的修养等等，都是以西方语境为参照的。鉴于这方面的讨论已经随处可见，这里不再赘述。需要注意的是从词源上表现出

① 许慎. 说文解字：上[M]. 北京：中华书局，1963：185.
② 徐中舒. 甲骨文字典[M]. 成都：四川辞书出版社，1989：996.
③ 徐中舒. 甲骨文字典[M]. 成都：四川辞书出版社，1989：912.
④ 许慎. 说文解字：下[M]. 北京：中华书局，1963：168.
⑤ 周振甫. 周易译注[M]. 北京：中华书局，1991：81.

来的中西方在“文化”理解上的差别。

将文化与人体修饰联系在一起，也就是文化视为修身、成人的过程是中国传统中自古就有的观念。而在西方将文化与人的修养联系在一起是19世纪以后的事，而且，这一概念内涵源自对外界事物的培育、修养。也就是说，中国传统中的文化更多与人自身、与精神世界相关，而西方传统中的文化更多与外在的物质世界相关。[①] 今天，我们谈及文化出口主要采纳的是由西方传统而来的“文化”观，也就是将文化看作与精神和内心分离的东西，也就是可以外在于人而存在的。虽然如此，但是历时千年的传统对中国人的文化心理的影响是难以估量的，存在于深层文化心理中的传统“文化”观念会影响到我们对待文化产品和文化服务的方式，进而影响到文化出口的效果。

既然文化出口的目的是将“文化”输出到其他地区，那么，输出与输入双方至少应该“文化”概念上达成一致。为此，我们目前不得不接受西方的文化概念来解决问题。这种接受是以两种因素为前提的，一是文化出口的关键目标应该是西方文化占主导的国家和地区；二是西方文化的全球影响力。鉴于西方文化所具有的全球影响力，而且这种影响力也已现实化为具体的文化事象，所以我们很难摆脱西方传统对文化的界定，应延续西方文化的理路来确定文化出口中文化的具体含义。

当我们准备采用西方的“文化”观念来作为构建对文化出口的概念性理解时，又会遇到另一个问题，那就是西方学术界在定义“文化”概念时也没有达成一致。特瑞·伊格尔顿在讨论文化观念

---

① 今天，这种差别在对文化概念的讨论中很难见到，在思维中也不易见到它的痕迹，但它并没有消失，而是潜移默化于我们的理解与选择中。

时曾指出“据说‘文化’是英语中两三个最为复杂的单词之一”①，这里，伊格尔顿引用的是雷蒙·威廉斯的观点：“英文里有两三个比较复杂的词，‘culture’就是其中的一个，部分的原因是这个词在一些欧洲国家语言里，有着极为复杂的词义演变史。然而，主要的原因是在一些学科领域里以及在不同的思想体系里，这被用来当成重要的观念。”②事实的确如此，人文社会科学诸领域都兴起了“文化”热，人类学、社会学、哲学、文学、新闻学、传播学等各个学科都在利用这一概念来讨论本学科或跨学科的问题，这些借助文化概念、文化事实的探索一方面扩大了文化概念的内涵，为理解文化开辟出更为宽阔的场域；另一方面则让文化概念的内涵更加驳杂不清，无形中为理解文化带来了巨大的麻烦。为对抗并解决这种麻烦，人类学家克罗伯（Alfred Kroeber）和克拉克洪（Clyde Kluckhohn）做出了非凡的贡献。1952 年，他们合著出版了《文化：概念与定义的批评性考察》（*Culture: A Critical Review of Concepts and Definitions*）一书。在书中，他们详细地描述了“culture”在西方世界的发展史，还列举出 164 个有关“文化”概念的定义，逐个加以解释。并在此基础上将这些定义划为六类，从元概念的角度反思、批评人们对文化的认知。③ 克罗伯与克拉克洪的研究将文化概念的复杂性、多元性清晰地展现在世人面前，却没能让这个概念清晰起来。他们所采用的枚举法既没有穷尽“文化”概念的所有定义，也没有限制后来学者重新定义的冲动。究其原因，至少有三点：一是文化和人之间存在着互动关系，文化与人共

① 特瑞·伊格尔顿. 文化的观念[M]. 南京：南京大学出版社，2006：1.

② 雷蒙·威廉斯. 关键词：文化与社会的词汇[M]. 北京：生活·读书·新知三联书店，2005：101.

③ Kroeber A L, Kluckhohn C. Culture: a critical review of concepts and definitions. Cambridge, Mass.: The Museum, 1952: 149.

生，自从人创造出文化后，就被文化“濡化”为人；二是环境是文化与人之间互动的动力因素，文化总是和特定地理环境联系在一起的；三是文化和人都是变化的，一方面文化本身是变动不居的，不断被人创造；另一方面，人类的认识能力和认知水平也处于不断变化之中，人类的文化认知、文化实践随时而变，文化概念是一个历史性的概念。时间、地域、文化自身以及保有并创造文化的人都在为文化概念的多义性增加注解。

文化概念的多义性和复杂性逼迫我们不得不提出这样的问题：究竟应该如何来界定“文化出口”中的文化？或者说我们应该赋予出口的“文化”以什么样的内涵？这是将文化出口推进到实践层面时必须解决的问题。为此，我们还需要厘清西方语境下对文化的基本认识。文化概念的定义虽然多种多样，却不外乎广义和狭义两种方式。广义的文化概念受人类学影响，视文化为人化，将与自然对立的一切人为因素都归到文化的范畴里。在广义的文化概念下可以将文化具体为：行为、制度和思想观念，以及与这三个方面相关的物化形态。狭义的文化观则将文化局限于精神领域，将其看作“由抽象的价值、观念和世界观构成”①的复合体。将文化限定于精神领域，或者扩展到一切人为领域，各有其合理性，都有助于我们理解文化。但是，当我们把目光集中在文化出口这一特定的活动中时，则必须找到符合这一活动的概念界定，以利于实践操作。

曾任联合国教科文组织总干事的费德里科·马约尔在为《多种文化的星球——联合国教科文组织国际专家小组的报告》所写的序言中将“文化”定义为“表现一个社会的行为和物质特征的复

① 威廉·A.哈维兰.文化人类学[M].上海：上海社会科学出版社，2006：35.

合体，就它的某些成分而言，历来是在各种文明之间交流不息”①。马约尔的观点代表了国际专家小组的看法，是得到许多国家认可的界定。这一界定将文化视为“表现”出来的“复合体”，而“表现”必须借助一定的媒介，表现出一定的形式。这些形式以及其背后的内涵被统称为符号。当将文化和符号联系在一起的时候，我们走向了卡西尔。恩斯特·卡西尔（Enst Cassirer）虽被列入新康德主义哲学马堡学派中的一员，他的哲学创见却并没完全延续德国古典哲学的范畴，而是有自己的创见。对文化的界定就是他最为人称道的创见之一。为了回答苏格拉底的提问：人是什么？卡西尔把“人定义为符号的动物”，以取代“把人定义为理性的动物”的观念，认为“只有这样，我们才能指明人的独特之处，也才能理解对人开放的新路——通向文化之路”②。

卡西尔从哲学的角度倡言人的文化特性，文化的符号性特征。这就提醒我们，所有的文化产品都可以用符号来加以界定。语言文字、图形图像、视频文件、程序编码等可以视之为符号，演艺活动中人的行为也可以看作表情达意的符号。符号概念虽然抽象，其外延却由具体可感的媒介、行为、规范、仪式等构成。无论采纳索绪尔二元论的符号定义，将它们看作能指与所指的统一，还是借助皮埃尔三元论的符号界定，将它们看作符号、符号对象以及符号解释三者的结合体，都意味着可以用物质性媒体表现精神性内涵。当文化符号与特定的物质性媒介结合时，它才有了传播的可能。文化出口中的文化才变得可以操作，进而可以进行贸易。

因此，当我们把文化界定为符号时，不仅可以清晰地理解文

① 欧文·拉兹洛. 多种文化的星球——联合国教科文组织国际专家小组的报告[M]. 戴侃，辛未，译. 北京：社会科学文献出版社，2001：1.

② 恩斯特·卡西尔. 人论[M]. 甘阳，译. 上海：上海译文出版社，1985：34.

化，而且具有非常实际的可操作性。文化出口中的文化就变得相对容易理解，即带有符号特性的商品或与之相关的服务。

二、消费性是出口文化的重要特征

把文化出口中的"文化"定位于符号之后，在观念中，文化产品的概念也趋向清晰明确。但是，这只是一个概念性的解释，和现实中的操作性理解并不一致。为了探讨文化出口中的规律性问题，还需要了解现实中如何界定文化出口中的产品和服务。文化出口属于对外文化贸易的一部分，而对外文化贸易又包括在文化产业之中，而文化产业中具体类别则是各类机构在管理活动中的实际操作对象，因此，在操作层面理解文化出口，还需要认清我国对文化产业的认识、理解和界定。

我国各界对文化产业的认识经历了一个从批判、肯定到大力提倡的过程。20 世纪 80 年代，我国学界接续了西方的学术脉络，将文化产业概念的滥觞追溯到法兰克福学派的霍克海默和阿多诺。阿多诺宣称他和霍克海默在《启蒙辩证法》中提出"culture industry"一词，[①]"culture industry"一度直接译为文化工业，现在多被译解为文化产业。霍克海默和阿多诺标举这一概念的目的是揭露资本主义制度下文化工业化所造成的诸种恶果。批判是他们对文化产业的基本态度。此后，文化产业概念的内涵经历了一系列的演变，[②]国内关于文化产业的早期研究也多秉承霍克海默和阿多诺的立场，针对工业化对文化的破坏展开批评与剖析。随着

① Adorno T W. Culture industry reconsidered[M]//Bernstein J M. The culture industry: selected essays on mass culture. London: Routledge, 1991: 98.

② 李彪. 文化产业概念的演变及其基本特征分析[J]. 湖南科技学院学报，2009(9)：119—121.

文化产业在我国的迅速发展，人们对它在国民经济中的重要作用的认识不断加深，研究的导向或立场开始发生变化，极端批判的声音渐渐减弱，肯定文化产业的声音越来越成为学界的主流。客观地讲，这种变化是阶段性意识形态的反映，和我国经济发展与政府主导的意识形态话语是分不开的。

20世纪后半期，随着全球经济的深入发展，一些经济发达的地区先后进入了丹尼尔·贝尔所描绘的后工业社会。“以信息为基础的‘智能技术’同机械技术并驾齐驱。”①著名未来学家阿尔文·托夫勒的预言正在逐步变为现实，“靠数据、创意、符号和象征意义的快速交换与扩散”而形成的“‘超象征型的经济’(Super symbolic economy)”②变得越来越重要。我国政府在大力倡导科技进步、推动加工制造业发展取得一定成就之后，开始意识到这一深刻的变化。为了积极应对这一变化，20世纪末，我国政府通过重新定义“文化产业”，开始引导文化产业的发展。进入21世纪后，政府开始大力倡导发展文化产业，并从政策层面采取一系列的措施推动各类文化产业的发展。与之相应，文化产业本身日益为学术界重视，对它的认识和理解也在多角度、多层面的研究中不断加深。但是，“文化产业”概念的准确内涵一直困扰着大家。研究特定对象或现象虽然可以越过对它的界定，但是，缺乏一致接受的概念不仅给交流理解造成了障碍，也不利于现实中的实践操作。于是，做出令人满意的概念界定就成为许多从事文化产业研究的学者们的研究目标。

我国各界定义文化产业的基本框架为：“文化＋产业”，这也是

① 丹尼尔·贝尔. 后工业社会的来临——对社会预测的一项探索[M]. 高铦，王宏周，魏章玲，译. 北京：新华出版社，1997：129.

② 阿尔文·托夫勒. 权力的转移[M]. 吴迎春，傅凌，译. 北京：中信出版社，2006：17.

为复合概念（词汇）下定义的一种常见途径。在这种思路的指导下，出现了不少对文化产业的界说。一种流行的做法是将文化产业视为文化的产业化，或者说产业型的文化。这种理解虽有一定的合理性，在一定程度上揭示出文化生产过程中所具有的产业特征，但也存在一些偏颇之处，很容易将人引入歧途。将文化产业理解为文化产业化，容易将人们的认识导向一种错误的观念，那就是文化一定要产业化，或者说只有产业化才能发展文化。毫无疑问，这种理解已经扭曲了“文化”与“产业”这一对概念及其所指示内容之间所存在的应然关系。并且，这种理解很容易让人对“文化”进行操作，将所有的文化商品化，形成看似繁荣的文化产业，其实是对文化产业的曲解和践踏。对“西门庆故里”①以及类似文化资源的争夺就是极其低俗的表现，而“千街一面”的大批仿古文化街可谓对文化和文化产业的另一种破坏。这些现象引来了许多针对文化产业的批评，这样的批评也建立在对文化产业概念的错误理解之上。按照这样的理解，文化产品和文化服务都会被扭曲变形，从而不利于文化出口。

为了实现文化出口，需要将我们对文化产业概念的理解和国际惯例加以对接。联合国教科文组织是这样来定义文化产业的：“通常意义上，文化产业这个术语是指以本质上无形的、文化的内容为对象的创作、生产和商业化联结在一起的产业。这些内容典型地通过著作权来加以保护，并且采用了商品或服务的形态。文化产业和称谓因语境而变。在经济学术语里，‘文化产业’通常被称为‘创意产业’、‘朝阳产业’和‘未来产业’；在科技术语中，它被称作‘内容产业’。文化产业这一名词一般包含了印刷、出版、多媒

① 裴钰.“名人故里争夺战”之四 西门庆故里：野百合也有春天[J].中国经济周刊，2010(17)：44—45.

体、视听、唱片、电影以及工艺、设计等产品。在一些国家里,这一概念还包括建筑、视觉艺术、表演艺术、体育运动、音乐器材制作、广告和文化旅游。”[①]这一定义实质上是以“内容”来诠释“文化”,文化产业就等于具有可感形式的内容的产业。联合国教科文组织的定义受到国内一些学者的推崇,比如李思屈就这样来界定文化产业:“所谓文化产业(Culture Industry),简单地讲就是把文化的内容进行产业化的生产、交换和消费。”[②]这一思路的背后是把内容与形式分开,文化是内容,产业赋予其形式,二者结合在一起就是文化产业。采用古典的内容与形式二分法来界定文化,的确比较方便,也便于受传统教育颇深,惯于以这一对立概念来认识事物的人们理解和把握。但是,如何才能分割形式和内容?一部电影、一幅画、一首诗……这些文化产品中的形式和内容如何划分?或者将承载这些“内容”的媒介当作“形式”,今天的确可以将影视、音像、文学等作品数字化,借助各种数码存储设备来保存和传输。但是,当受众来欣赏或者“消费”这些文化产品时,因媒介不同、展现形式的差别就会带来异质化的呈现效果。影院中放映的电影和家庭影院、计算机上播放出来的同样“内容”的作品,呈现的形态、造成的效果却大相径庭。最近开始流行的高品质 3D 电影更是让同一部电影表现出不同的魅力。因此,人为地将文化产品分割为内容与形式,并以此来定义文化产业,会误导人们的认识趋向简化。还有人从产业或工业的角度对文化产业进行界定:“按照工业标准生产、再生产、储存及分配文化产品和服务的一系列活动。”[③]这样

① Corral M d. Culture, trade and globalization: questions and answers. Paris: UNESCO Pub, 2000: 11—12.

② 李思屈. 文化产业概论[M]. 杭州:浙江大学出版社,2007:3.

③ 张晓明,胡惠林,章建刚. 2001—2002 年:中国文化产业发展报告[M]. 北京:社会科学文献出版社,2002:2—3.

的定义，只是将工业化生产的流程展开来给人们看，却没有将生产流程中的对象——文化界定清楚，文化产业仍是一个模糊的概念。

难以清晰界定文化产业概念的根源在于对文化的理解与确定。如果按照前文所提出的观点，将文化的内涵界定为符号，则文化产业就可以定义为从事符号生产和符号性消费的产业。但是，用符号来定义并不符合我国的传统，尤其是不符合我国政府对文化产业的管理传统。我国政府对文化产业的管理与指导是以行业分类为依据的，这样就避开了对文化产业的界定。文化部颁发的《文化产业发展第十个五年计划纲要》中规定："本纲要所称文化产业，是指文化部门所管理和指导的从事文化产品生产和提供文化服务的经营性行业，主要包括文艺演出业、影视业、音像业、文化娱乐业、文化旅游业、艺术培训业和艺术品产业等。"[①]国家统计局2004年发布的《文化及相关产业分类》中规定："文化及相关产业是指为社会公众提供文化、娱乐产品和服务的活动，以及与这些活动有关联的活动的集合。"[②]这一定义并没有对文化给予界定说明，只是添加了娱乐、服务两项内涵。但是，国家统计局的目的绝不是为了清晰明确地界定文化产业的概念内涵，而是从罗列外延入手，分门别类地对产业内的行业发展状况进行统计。在其制订的《文化及相关产业分类表》中，文化产业一共被分为新闻服务，出版发行和版权服务，广播、电视、电影服务，文化艺术服务，网络文化服务，文化休闲服务，其他文化服务，文化用品、设备及相关文化产品的生产，文化用品、设备及相关文化产品的销售等九大类。同时，又以附表的形式列出"含有部分文化活动的行业类别"共18项。在《〈文化及相关产业分类〉编制说明》中，又把这九大类再划

① 文化部文化产业司. 文化产业政策汇编[M]. 北京：文化部文化产业司，2004：3.
② 文化部文化产业司. 文化产业政策汇编[M]. 北京：文化部文化产业司，2004：27.

分为主体和补充两大类，文化产业的主体“包括提供文化产品（如图书、音像制品等）、文化传播服务（如广播电视、文艺表演、博物馆等）和文化休闲娱乐（如游览景区服务、室内娱乐活动、休闲健身娱乐活动等）的活动”；文化产业的补充“包括与文化产品、文化传播服务、文化休闲娱乐活动有直接关联的用品、设备的生产和销售活动以及相关文化产品（如工艺品等）的生产和销售活动”。[①] 除了主体和补充外，“《文化产业分类》还可组合出文化产业核心层、文化产业外围层和相关文化产业层”[②]。从国家统计局制订的文化产业分类表以及相关的分类标准，可以看出，文化产业的“补充”部分和“相关文化产业层”之间存在着极大的重合度，其所指内容基本一致。而“相关文化产业层”中，文化用品的生产和销售以及设备的生产与销售两部分所涵盖的对象和内容无关，它们并非文化符号的生产与销售。作为文化产业的“补充”的内容，与文化产业相关的这部分应该归属于加工制造行业。而加工制造业在我国非常发达，它们所带动的出口额非常巨大。比如，广东省的文化产业、文化出口统计数据曾连续六年在全国名列前茅，这一成绩的主要贡献者也是与文化产业相关的加工制造业。诸如游戏机、多媒体设备与耗材等非内容产品占据了出口文化产品的主体。联合国在统计文化贸易时，采取类似的指标体系，于是，这些非内容类的产品出口也属于我国的文化出口。按照这样的统计方法，我国的文化出口在贸易额上居世界前列也就不难理解了。

国家统计局所做出的分类标准被各级管理机构以及企业组织执行。文化出口的内容也按照这一分类标准进行管理。值得注

① 文化部文化产业司.文化产业政策汇编[M].北京：文化部文化产业司，2004：37—38.

② 文化部文化产业司.文化产业政策汇编[M].北京：文化部文化产业司，2004：38.

意的是，国家统计局对文化产业的分类与联合国教科文组织对文化产业的理解具有一定的差异，一个明显的不同是大量非内容类生产和服务行业被划归文化产业领域内。这些非内容类服务行业中包含了文化设备、器材、通讯及广播电视设备、家用电器的批发和零售。而文化设备、器材、通讯及广播电视设备、家用电器等产业是我国加工产业的重要组成部分，在世界工业产业链中占有举足轻重的地位。这些非内容类产品的出口被划归到文化产业内之后，就大大提高了我国文化出口的统计数据，以至我国的文化出口可以占据世界文化出口贸易的前列。但是，必须明白，这一类缺乏内容的产品或服务并无太多文化内涵和文化特色，可以轻易地转移到其他地区。可以说它们是没有文化的文化产品，只是文化的载体和工具，完全可以归入到和文化关系不大的轻工业产品出口中。

之所以对文化出口中的文化产品做这一番讨论，是要强调文化出口应该以联合国教科文组织所界定的内容产品和服务为主，或者以具有精神内涵的符号产品和服务为主。定位于文化本身应该成为文化出口的目标，只有当其他地区的消费和我们的“文化”产品、“文化”服务相遇时，才会产生文化认同的问题。

第二节　文化出口的特殊性

文化与人之间的复杂关系，以及文化的多种特性决定了文化出口与其他类型的出口贸易存在着诸多差异。这些差异表现为文化出口中的产品和服务的独特性。这些特性在很大程度上影响了文化出口的表现，文化出口的特殊性主要表现有以下几点。

一、文化出口具有双重效益

简单地理解，国际贸易只是单纯的地区间商业活动，是供需双方解决各自问题实现互利互惠的方式。受国际关系、地缘政治、商品类型等因素的影响，国际贸易呈现出比较复杂的形态。然而，大部分国际贸易的目的和结果之间存在着一致性的关系。比如电子产品的出口，其目的就是赚取外汇，如果一批电子产品的出口完成以后，它的目的就实现了；如果不成功，也只是没有实现最初的目标。文化出口的目标和结果之间的关系却比较复杂。文化出口的直接目标是实现文化产品与服务的向外流动，从而赚取商业利益，这一结果是显性的。除此之外，文化出口中还会为出口方带来隐性的价值，即传播文化。因为文化出口的核心是内容出口，文化内容被输入地区接受，就会影响接受者的精神生活，对当地的文化形成特定的影响。在我国风靡一时的"韩流"就是一例。韩国各界不断努力，将它的影视作品大量出口到中国，在广大青少年，甚至是中老年人中间刮起一股股追捧韩国文化的风潮。受其影响，韩国的影视明星、服饰、餐饮等几度成为人们街谈巷议的时尚话题。在观看韩剧，关注韩国生活的过程中，韩国文化潜移默化进入受众的心理世界。一些青少年表现出来的"哈韩"现象就是对韩国文化在我国取得成功的最好注解。

但是，对文化出口的所具有双重效益的特性仍需要具体分析。对文化输出者而言，自己的文化产品在受到接受者肯定的同时，还为自己带来可观的经济收入，自然是件一举两得的好事。并且，随着受众对所接受文化喜爱程度的加深，还会继续消费相近的文化产品和服务，在一定程度上可以促进文化出口活动的持续性。如果接受方不能接受文化产品中所携带的某些文化因子，就无法达成相应的社会效益，文化出口就会受阻，经济利益也就无从谈起。对文化接受者而言，在消费文化进口产品和服务的过程中接受有价值的文化熏陶，让自己的精神世界更加丰富、生活更加多彩，自然也是件好事。如果不接受相关的文化，也就不会去消费，文化出口活动无法达到，也不会存在什么负面的影响。

问题在于，对输入文化的过度接受，以至于对输入文化的热爱超过对本族文化的感情，很可能被所输入的文化同化，从而失去自身的文化根性。这种经济社会效益双失的后果对输入方的文化和经济都造成伤害。

二、文化出口追求衍生效应

衍生性是文化产业的一个内在特性，追求衍生效应是文化出口的另一特点。文化出口不仅可以凭借出口活动带来直接收益，还可以获得巨大的衍生效益。所谓衍生效益是由文化出口产品的影响，以及衍生产品、衍生活动带来的效益。衍生本义为“繁衍生息”，或指一种化学现象，“一种较简单的化合物中的原子或原子团被其他原子或原子团转换而生成较复杂的化合物”①。后被借用到金融领域，用来指代从原生资产或者原生金融工具中派生出来的金融产品。最近，这一术语开始广泛用于文化产业诸多领域，用来指从原创性的文化产品中派生出来的其他形式的文化产品，它们多具有原生性文化产品的一些基本特征，同时又在内容和形式上有所创新。文化衍生品的产生是由文化的符号特性造成的。文化的符号特性使它具有很强的传播性和迁移能力，一种文化产品的文化内容可以任意变形、无限传播，让衍生产品大行其道。文化

① 罗竹风.汉语大词典：第3卷[M].上海：汉语大词典出版社，2008：950.

衍生产品扩展了文化产业的产业链，既扩大了原产品以及文化内容的影响力，也开发出新的利润空间，从而形成文化产业中的长尾现象。当代影视、动漫、会展、艺术品等领域都开始大量开发衍生产品，以实现自己的长尾效应。

文化出口以内容为主，为文化输入地区的客户提供符号性消费，这些文化符号均可开发出可观的衍生产品，从而拓展文化出口的产品与服务线，获取更多的利润。当今世界上一些成功的动漫公司都非常重视衍生产品的开发与全球发售。美国的迪士尼公司是其中的佼佼者。现在的迪士尼公司包括了制片公司、乐园公司、传播媒体、特许经营、音像制品及印刷出版公司，是一个名副其实的商业娱乐帝国。它的制片公司拍摄了风靡全球的电影和电视节目，且不说它的《米老鼠和唐老鸭》等至今仍在世界各地的屏幕不断重播的作品。单就两部电影来看，它从影视文化出口中已获得了巨大的收益。由它发行的电影《复仇者》海外票房已达 802 500 000 美元，占总票房收入的 59.2%，它制作的电影《异星战场》海外票房达 209 700 000，占总票房收入的 74.3%。[①] 1955 年，首家迪士尼乐园开始营业。此后，除了美国本土以外，它还在日本东京、中国香港、法国巴黎、中国上海相继开设迪士尼乐园。海外迪士尼乐园目前还没有盈利，却取得巨大的品牌收益，在向海外推广品牌方面为公司做出了巨大的贡献。1983 年，迪士尼开设了“迪士尼频道”，1994 年，台湾地区博新公司成为迪士尼公司的签约代理公司，负责向亚洲地区播放它制作的影片。1995 年迪士尼收购美国广播公司以后，取得了向世界扩张的通行证。特许经营或许应该算是迪士尼模式的核心，1929 年，沃尔特以同意把米老鼠的形象印在

① 数据源自专业票房统计网站 Box office mojo，http://www.boxofficemojo.com/，数据统计截至 2012 年 6 月 3 日。

写字桌上取得了300美元的收益，这是迪士尼公司的第一手特许经营收入。1930年，迪士尼公司与纽约包菲得公司签约，准许该公司“制造及出售有米尼和米奇画像的器物”，是迪士尼公司第一次以签约的形式出售特许经营权。1949年，迪士尼公司成立唱片公司，同时经营录像带、影碟和连环画等儿童印刷出版物。2007年，迪士尼收购拥有超过1 200万用户的儿童虚拟乐园“企鹅村”(Club Penguin)，打造虚拟迪士尼乐园……这个庞大的帝国，每一块领域都成为迪士尼公司的盈利机器。迪士尼的创造者沃尔特·迪士尼说：“一切都是从一只老鼠开始的。”正是借助一只老鼠的形象，沃尔特·迪士尼打造出一个商业娱乐帝国。《解放日报》曾经对迪士尼公司的衍生产品开发做过这样的报道：它以动画电影为龙头，开发出一系列栩栩如生的动漫形象；再将这些形象置于全球的迪士尼乐园中；公司和这些形象本身共同构成迪士尼品牌，通过品牌授权开发出大量衍生产品，以连锁经营的方式使其专卖店遍布全球。从而形成所谓的“轮次收入”模式。[①] 概括而言，所谓“轮次收入”模式就是以一个形象为核心，多种类、多角度、多层次、多时间段、多地点开发相关产品和服务，通过对核心创意的多次开发创造出丰厚的利润。借助这种模式，迪士尼实现了对海外文化市场的复式开发，也让文化出口由一次性贸易、短期贸易变成多次贸易、长期贸易。

迪士尼塑造出了备受欢迎的经典形象，如果没有对这些形象进行衍生性产品的开发，就不可能有今天的迪士尼乐园，也不会有各种授权商品，多种经营也不会达到今天这般规模。衍生不仅是形象扩张，也是行业渗透，是品牌推广，是迪士尼娱乐帝国延伸自己

---

① http://info.broadcast.hc360.com/2009/11/051133144429.shtml.

"领土"的主要手段。如今，这一帝国的疆域布满全球，成为美国文化出口的典范。从迪士尼的成功可以看出，开发成功的衍生产品是文化产品的一个重要特性，也是文化出口力求实现的重要目标。

根据文化出口这一特性，推动文化出口就必然从两方面着手：核心和衍生。文化产品与服务的核心部分由表征它的基本符号系统构成。影视、动漫、游戏、演艺活动等都有各自基本的符号系统。影视、动漫可以粗略符号化为情节、角色、主题等，游戏则还应该包括互动系统。演艺活动也有它自身的符号体系，包括程式化的表演符号体系和开放式的符号交互体系。这些核心的符号体系可以满足人们的基本消费，也是初步消费。一旦消费者的基本消费得到满足，这些符号体系就容易内化为消费者精神世界的一部分，从而激发出更多的同类消费需求，这时，衍生型的符号产品就可以进入市场，满足消费者更深、更广的符号消费愿望。文化消费的核心是符号，符号则直接作用于人的精神世界，并内化为精神世界的一部分。如果它能和消费者原有的精神世界相互匹配、关系融洽，甚至相互融合，对符号的消费愿望就成为人的精神需求。这样一来，文化产品的基本符号体系和衍生符号体系在市场上就形成相互促进的局面。所以，文化产品的基本符号体系和衍生符号体系先后在市场上的出现，借助彼此之间相互促进、相互依存的关系，不仅可以拓展市场范围，还可以延长文化产品的市场周期。

三、文化出口实现双向交流

文化出口包含在文化贸易之中。一般来说贸易活动是双向的，这种双向中包含着双重异质性的交流，一方是产品或服务与货币之间的交流，出口方向进口方输出产品或服务，进口方向出口方回馈货币。另一方面，文化出口并非单纯的产品流动，还是文化的流动，是符号体系的输出与交换。赚取外汇只是文化出口的部分功能和直接目的。完成文化出口往往需要进出口双方在文化消费意向上达成共识，也就是构成一种以输出为主的双向流动。从形态来看，文化出口的产品与利润流动构成一个循环。输出方将文化产品或服务销售至输入地区，输入地区为这些产品和服务支付相应的货币，现金从输入国流向输出国。如果只把文化出口看作是单纯的经济活动，那么，当文化出口方从进口方取得货币收益后，这一活动基本就已经结束了。用这一模型来概括其他非文化产品的出口是没什么问题的。可是用它来描绘文化产品出口的过程就显得流于肤浅，没有勾勒出在文化出口活动中的另一项交流活动，这就是文化交流。

文化交流活动起源于何时何地，现在已经无从考证。史前文化时期，不同族群之间相互接触时应该已经开始了相应的文化交流活动，而且自从它开始以后就再也没有停止，世界各地的考古发现无不印证了这一事实。战争、贸易、通婚等都是人类历史上重要的文化交流方式，纯粹的文化贸易只是其中的一小部分。时至今日，文化贸易逐渐成为文化交流的主体部分。早在倡导文化贸易之前，我国与其他国家和地区之间的文化交流活动就一直存在，只不过这些文化交流很少采用文化贸易的形式进行。改革开放与发展市场经济使得文化贸易渐受重视，而文化出口在经济文化发展与文化安全中的地位越来越重要，我国政府提出文化“走出去”的战略是符合时代潮流的重要举措。

文化出口是出口文化产品或文化服务到海外其他地区以换取经济效益。直观地看，是贸易交流；深入考察会发现，文化符号的流动是重要的内容。也就是说，每一笔文化出口业务的达成，都意味着开启了一次文化交流活动。在文化出口过程中，文化元素往往呈现出单向传递的特点，这是基于现代以金融为基础的贸易交流所决定的。文化交流中的传播者与接受者也有着清晰、明白的角色定位。但是，如果据此做出简单的判断，文化出口完全是文化的单向输出、单向传播，不仅过于草率，也有失偏颇。之所以做出这样的判断，是出于对文化出口活动的整体理解，出于把文化出口活动看作一系列活动的整合，而不是简单的贸易交换。首先，想要成功实现文化出口，必须了解市场需求，了解文化出口目标地区的文化市场，以及消费者的接受情况。而了解出口目标地区的文化消费状况，首先要认识、理解那些地区的文化，包括其文化产品特征、文化服务和文化贸易方式等，在接受与理解这些内容的前提下设计、开发相应的文化产品与服务，有针对性地策划出口活动。了解、接受、理解异文化的过程也是文化交流的一部分，也就是说在贸易活动发生之前，文化交流应该已经开始了。在贸易结束之后，还要了解客户的反馈，看出口的文化产品和服务在目标地区消费者那里取得了什么样的效果，以便调整以后的出口活动。在交易活动前后两端的调查是以文化出口活动为核心的，在很大程度上可以促进出口方了解进口方的文化需求，和出口文化一起构成双方对彼此文化的相互了解。

总之，文化出口绝不是一场单向的文化输出，而是持续的文化交流。它所追求的不应是一厢情愿的灌输，而是寻求相互理解的文化沟通、合作与进步。

第三节　文化出口的多重意义

文化出口正在成为发达国家推行经济、政治和文化战略的重要步骤。在一些西方发达国家，文化出口在国民经济中所占比重正在不断攀升。在为国家带来了巨大的经济效益的同时，它还把这些国家的文化、政治、意识形态等诸多元素传递到世界各地。就我国而言，文化出口的意义具有以下几个方面。

一、文化出口是世界贸易发展的潮流

世界贸易由来已久，我国的丝绸之路、中亚沙漠中的驼队、地中海沿岸的港口、非洲海岸的独木舟等都是人类跨文化贸易留下的痕迹。工业革命之前，自然资源的分布差异以及其他资源的不均衡分布是贸易发生的动因；[①]工业革命以后，自然资源的全球分布不均、工业国家在生产制造领域的比较优势、世界性产品消费市场的形成共同加速了世界贸易的发展。

第二次世界大战以后，和平与发展成为时代的主题。经济全球化让跨国贸易对各国经济具有越来越重要的意义。

首先，文化出口成为一些国家的支柱性产业。进入后工业时代以后，国际文化贸易的重要性愈加凸显，一些发达国家的文化出口已经成为其主要产业。祁述裕的研究表明："视听产品已经成为美国仅次于航空航天的主要换汇产品，居出口贸易的第二位。英国 2002 年文化产业出口达 175 亿美元，2003 年成为仅次于金融业的全国第二大产业。1999—2003 年间，日本商品出口总额共增长 36%，在此期间，文化产业出口额却增长近 2 倍，从 5 343 亿日元上升到 1.578 万亿日元，文化产业出口贸易仅次于汽车

① 菲利普·D. 柯丁. 世界历史上的跨文化贸易[M]. 鲍晨，译. 济南：山东画报出版社，2009：15—16.

工业。”[①]

其次，文化出口是文化产业发展到一定阶段的必然趋势。经济发展到一定阶段，一些国家的居民生活中的物质消费已经接近饱和，人们将更多的时间、精力和金钱投入到精神消费上，而文化产品和文化服务是满足人们精神需要的主要手段。为了创造出满足人们精神生活需要的文化产品和服务，国内的文化产业获得巨大的发展，日渐繁盛。任何产业的深入发展都会面临着国内市场规模有限的问题，为了拓展市场，向海外发展成为大型文化企业的必然选择。

再次，对文化消费的不断追求为文化进口提出了要求，也为文化出口创造了条件。而任何一个国家的文化传统及文化生活也不及文化在全球范围内呈现出的多样性和丰富性。为生产更优秀的文化产品，文化生产者自觉地吸收世界各地的文化资源为己所用。在吸取其他国家或地区的文化资源，创造出受到本国消费者欢迎的文化产品和服务的同时，还将带来两个非预期性后果：一是本国的文化产品和服务因带有其他各国的文化色彩而易于被其他国家的消费者所接受，一是吸取他者文化资源的过程也会促进他国对文化出口的重视，开发自身的文化资源，发展本国的文化出口。

根据近些年世界发达国家在文化出口中的表现可以看出，文化出口正逐渐成为世界贸易的重要发展方向。

二、文化出口的经济转型战略的重要步骤

改革开放以来，中国经济保持了 30 多年的持续增长，发展成

① 祁述裕. 中国文化产业发展战略研究[M]. 北京：中国社会科学文献出版社，2008：238.

就举世瞩目。我们可以从生活的变化中直接感受到这种高速增长。也可以从中国GDP增长率以及与其他国家GDP的长期比较中，清晰地看出中国经济高速发展的情况。“中国人均GDP（国内生产总值）增长率从改革前的4%增加到1978—2005年的9.5%。”“1978年后，中国经济规模的迅速扩大成为正常现象，这促使了中国的总产量由占日本1978年GDP的37.5%上升到2004年的219.2%……人均GDP也有类似趋势。”①

30多年的高速增长使我国的经济总量迅速增加，人民生活大大改善，也让我们付出了巨大的环境生态代价。首先，主要以加工制造业为主的我国经济长期依赖高投入的方式换取高速增长，却并没有解决高能耗、高污染的问题，不仅消耗大量不可再生的能源、资源，而且对环境的污染十分严重，进而破坏了植物、空气、水等可再生资源。这些经济发展的负面效应使得我国的GDP并非绿色GDP，经济的可持续性发展能力不强。

其次，中国制造的比较优势最初并非取决于先进的科技、精巧的设计、独特的创意，而是依赖于低廉的价格，价格低廉则源自廉价的劳动力成本和不受保护的环境成本。一定历史时期内，可以把这两种成本维持在较低的水平上，以换取价格上的竞争优势，但绝非长久之计。转变经济增长方式可采用多种手段，基本路径大致可概括为两条：一是通过科技创新促进现有加工业的升级换代，提高效率，减少危害；一种是发展绿色经济、调整产业结构，推动经济的可持续发展。大力发展文化产业就属于后一种，推动文化出口是促进文化产业发展的重要内容，由于我国的外向经济发达，因此，文化出口的增长还可以为文化产业的发展提供驱动力。

---

① 劳伦·勃兰特，托马斯·罗斯基. 伟大的中国经济转型[M]. 方颖，等，译. 上海：格致出版社，上海人民出版社，2009：1.

出口贸易中的文化商品符号性强，属于内容产业那一部分具有衍生性，其内容或符号可以采用其他形式转换成相互关联的衍生产品，拓展产业链，形成规模性的商品市场，赚取大量利润。除此之外，文化产品除了自身可以创造利润之外，还可以对其他非文化领域的贸易产生带动效应，促进其他类型产业的出口。文化出口带动效应的收益十分可观，甚至可以忽略它自身的盈利状况。"美国好莱坞的'火车头理论'认为，电影作为火车头，它本身可以不赚钱，但它可以带动电影业的发展。"①电影业发展后，旅游、时尚、服装、设计、各种衍生产品等都会随之发展起来，从而弥补电影本身的不足。文化出口与之类似，也符合所谓的"火车头理论"。比如，推介中国自然人文风光的文化产品或许不能够凭借自身从海外市场赚取应得的利润，但它可以吸引大量的国外游客到中国旅游，增加外汇收入，还可以通过举办主题婚礼、各类会展、出售衍生产品、推广其他文化产品等手段来开发国外文化市场，从而实现整体盈利的目的。总之，文化出口可以带动文化产业或非文化产业的发展，拓展它们的产业链，从而为转变我国的经济发展模式做出贡献。

三、文化出口是增强文化软实力的有效手段

文化出口是对外贸易的一种形式，也是国与国之间关系的体现，是国家在国际关系中的地位与影响力的体现，它在很大程度上体现了一个国家在国际社会中的力量。

美国战略研究家约瑟夫・奈以这样的方式来描述力量："字典告诉我们力量是做事的能力，是控制他人，迫使他人去做并不情愿

---

① 韩骏伟，胡晓明. 国际文化贸易[M]. 广州：中山大学出版社，2009：9.

做的事情。因为控制他人的能力总是和占有一定的资源联系在一起，政治家、外交家通常把力量定义为拥有人口、领土、自然资源、经济规模、军事力量和稳定的政治局势。”他把这种力量称之为硬实力。与之相对，他认为还存在一种软实力，“就是一个国家让其他国家想己所想的力量(One country gets other countries to want what it wants)”。“这种影响其他国家意志的力量是和诸如文化、意识形态和制度等无形资源密不可分的。”[①]约瑟夫・奈的“软力量”或“软实力”的概念一经提出就受到广泛的关注。首先是冷战结束后，美国没有了和自己长期对峙的政治、军事上的对手，其国家“硬实力”也就无处施展，随着对手的消失自然走向衰弱；其次，日本、中国等国家在经济、政治上的崛起也让美国对自己的霸主地位感到担忧。在这样的背景下，约瑟夫・奈的“软实力”概念无疑给美国的国际政治策略指明了方向。历史证明，冷战结束后至今，美国的确按着这种思路来扩张自己的国际势力。在此期间，虽然美国也发动了阿富汗战争和两次海湾战争，给国际社会造成了强烈的冲击。但是，它所推行的美国式民主、消费文化理念、娱乐文化等对全球的影响更为深远。世界各地的青少年都在消费美国文化产品的过程中接受着其中所传达的理念，默默地改变着自己的世界观和价值观，在认同美国文化的同时，不同程度地摒弃了自己的文化传统。因此，不少人都把美国的文化输出比喻成一场没有硝烟的战争。

在这个无形的战场上，世界各国的应对方式不同。法国利用国际政治舞台，祭出文化例外的大旗，借国际法来抑制美国文化入侵，保护本国文化发展。日本、韩国在保护本国文化的同时，采用创新策略，形成优势文化产品类别，和美国争夺国际文化市场。我

① Nye J S, Jr. Soft power[J]. Foreign Policy, 1990(80): 153—171.

国政府在这一问题上一直有着清醒的认识,对美国在意识形态上的渗透一直保持高度警惕。加入 WTO 之后,我国面临着向 WTO 成员国开放国内文化市场的挑战,已经无法仅依靠限制进口来抵挡美国流行文化的进入。采取多种措施增加我国的软实力,提高我国文化产品的国际竞争力就成为当务之急。2006 年 11 月 10 日,时任国家主席胡锦涛在中国文联第八次全国代表大会、中国作协第七次全国代表大会上的讲话中指出:“面对当今世界各种思想文化相互激荡的大潮,面对国家发展和人民生活改善对文化发展的要求,面对社会文化生活多样活跃的态势,如何找准我国文化发展的方位,创造民族文化的新辉煌,增强我国文化的国际竞争力,提升国家软实力,是摆在我们面前的一个重大现实课题。”①首次将“增强我国文化的国际竞争力,提升国家的软实力”视为重大的现实课题。胡锦涛在中国共产党第十七次全国代表大会所做的报告中,明确提出要“提高国家文化软实力”。② 我国文化部前部长高占祥出版《文化力》一书,认为文化力是软实力的核心。③

如何提高国家文化软实力? 途径很多,在国际文化交流平台上,文化出口就是一条重要的途径。由于文化的符号特性,文化产品和文化服务都具有双重属性。和其他商品一样,它们具有商品属性,追求经济效益是其首要目的。有别于其他商品,它们具有文化属性,直接作用于人们的心理和精神,产生一定的社会影响。文

---

① 胡锦涛. 在中国文联第八次全国代表大会、中国作协第七次全国代表大会上的讲话[R/OL]. 2006-11-11[2012-05-02]. http://cpc.people.com.cn/GB/64093/64094/5026509.html.

② 胡锦涛. 高举中国特色社会主义伟大旗帜,为夺取全面建设小康社会新胜利而奋斗——在中国共产党第十七次全国代表大会上的报告[R/OL]. 2007-10-15[2012-05-02]. http://news.xinhuanet.com/newscenter/2007-10/24/content_6938568_6.htm.

③ 高占祥. 文化力[M]. 北京:北京大学出版社,2011.

化消费产生的社会心理影响中包含了消费者对文化的认同，认同一种文化的时候，会不自觉地接纳它的价值观、规范和行为习惯。由于文化具有整体性的特点，接纳了文化，很可能程度不一地从整体上皈依这种文化，按照这一文化的内在价值来想人之想，塑造自己的行为习惯、价值取舍。这正是约瑟夫·奈所言的“软实力”的威力。这也是前文所提到的文化出口的社会效益的一部分。其他地区的消费者在消费我国的文化产品的同时，会对我国的文化产生好感、亲近感、认同感，心中既有的对我国的刻板印象也会随之改变，从而提高中国的国家形象，提升我国在国际社会中的“软实力”。

四、文化出口是中华民族崛起和复兴的要求

鸦片战争之后，中华民族陷入救亡图存的境地。1949 年中华人民共和国成立之后，中华民族才彻底摆脱民族生存的危机，走上复兴之路。今天，我国在政治、军事、经济上的成就有目共睹，但是，文化上的复兴还有很长的路要走，一个明显的标志就是我国文化在国际社会上的影响力还比较弱。进入现代文明之后，发轫于欧洲、孕变于文艺复兴、繁盛于工业革命的西方文化征服了整个世界，成为先进文化的代表。内外相迫，中华文化在世界上的地位已不再如人们想象的那样重要，也不被视为居于天下之中者最优秀的创造。这种状态的形成，可能与我国没有成功传播自己的价值理念，或者没有为世界所接受有着密切的联系。文化出口可以带动这两端的发展。冷战过后，和平与发展成为世界发展的潮流，发展经济成为大多数国家和地区的明确选择，经济全球化的后果之一就是全球性市场的形成。任何国家如果要传播自己的文化理论都必须借助文化贸易这一平台。对任何国家和地区而言，所出口

的文化产品就成为自己文化的最佳代言人。因此，在世界民族之林谋求民族振兴、文化延续和昌盛，采取商品的形式走出去不是唯一的选择，却是必需的选择。

五、文化出口是我国文化生命力的体现

文化是人类生存的依托，是人与自然环境之间进行物质、能量和信息交换的中介，它保证人类可以依靠自己的经验和理性一起建构出来认知模式和实践框架，去和世界相处，以满足自己的需要，繁衍生息。

人类是文化的载体。失去了载体的文化会自然消亡，或者变成一堆无法解读的符号，成为人类的遗迹。文化消亡的方式不止这一种，更为常见的是同一个族群迫于外力改变自己的文化，这种外力既有适应自己环境的需要，也有外族统治下的归化。改变其文化身份是征服者统治被制服民族的有效手段。古代埃及文明、波斯文明和印加文明今天都已变成没有人承载的文化遗迹，外族制服是主要的原因。

第二次世界大战以后，民族独立运动兴起，民族国家纷纷建立。武力征服他国的行为受到国际社会谴责和制约，征服并同化另一个国家和地区的现象很难出现。但是，各地区的文化仍然面临着危机，危机的诱因仍来自全球化。全球化将世界各地的文化并置在一个平面的世界，工业文明的力量轻而易举地渗透到每一个角落。文化之间的较量，胜利的天平自然青睐于强者，强势文化对弱势文化的入侵已经成为一个国际性问题，许多地方性文化都处于消亡的过程中。地方语言的消亡就是明显的例证。有学者预言，21 世纪结束时，世界上将有 95％的语言消亡或者被合并，现有的 6 000 多种语言中，只有 5％—10％的语言是安全语言，这意味

着剩余5 000多种语言都是“濒危语言”(endangered language),处于随时消亡之中。[①] 语言消亡的原因和语言发展的内在规律有关,然而,它的主要原因则是外力的压迫,是强势语言、强势文化的入侵。文化多样性是人类创造的珍贵财富,弱势文化的消亡意味着多样性的丧失。联合国倡导文化多样性也是在防止文化消亡方面做出的积极努力。然而,强势文化在打败弱势文化时所采用的策略却极为有效。今天的强势文化并不是一种居高临下的姿态,以进攻的形式出现的。而是改头换面,打扮成人们易于接受的文化商品,不同地区的人们在消费其他国家制造的文化产品的过程中不经意地改变着自己的思想观念、情感反应、行为习惯和风俗制度,不知不觉中,传统文化就此消逝。在这样的现实面前,文化也要为自己的生存权而战。一个民族如果失去了自己的文化,也就失去了自己的根性,说这个民族已经消亡也不为过。这里,我们不去过多讨论为什么要保存自己的文化根性,只把它当作一种后天的律令:为了民族的生存,必须延续自己的文化。而在国际文化竞争面前,在共同的市场平台上竞争,以提高自己文化的竞争力是文化生命力的重要体现。

一些国家在保护自己民族文化方面取得了令人信服的成就。从国土面积上看,日本、韩国都是小国,它们却是文化输出的强国。以韩国为例,韩国在经济上的崛起虽然引起全世界的关注,这是由于和它相似的地区也推行相同的发展策略,发展劳动密集型加工产业,推动外向型经济的发展,和它一起创造了所谓的“东亚模式”。韩国的经济发展并非一枝独秀,才不会引起格外的关注。但是,风靡一时的“韩流”却让人对韩国在文化上的崛起令人刮目相

① 冯小钉.语言消亡与保护语言多样性问题的研究评述[J].安徽大学学报(哲学社会科学版),2003(3):71—74,78.

看，以明星、韩剧、韩国电影、电子游戏为主的韩国文化产业一开始就制定了外向型的发展策略，在周边国家和地区培养文化市场，推销自己的文化产品。韩剧风靡亚洲，韩国电影跻身世界前五，它打造的明星在全亚洲拥有众多的粉丝……韩国文化出口的成功不仅提升了韩国的文化地位，也塑造出韩国时尚、新潮、先进的国家形象，带动了韩国旅游、电子业的发展。韩国文化在国际上拥有自己的一席之地，也拥有了自我的品性。

他山之石可以攻玉。韩国经验就将外向型经济由劳动密集型的加工业转向可持续发展的文化产业，文化出口带动了韩国的文化繁荣，文化的繁荣又是文化生命力的体现。我国应该如韩国一样，大力发展外向型文化产业，以文化出口带动国内相关产业的发展，在扩大文化影响力的同时，增加文化的生命力。

20 世纪末，中国经济迅猛发展近 20 年后，一些有识之士开始提出“文化安全”的概念。和国防安全、经济安全截然不同的是，多数人意识不到文化安全的存在。文化的流逝与变迁可以激起大家的反思与慨叹，却很难让人们将其与“安全”联系在一起。由于看不到文化与人之间的深层联系，文化“根性”意识匮乏不明，多数人常常意识不到文化安全的意义。其实文化安全的根本意义就是文化的生命力问题。

六、文化出口是国际文化交流的需要

在文明的起源上，存在着两种不同的意见。一种是人类文明起源于一地，不断扩散，而后分地域发展；一种是人类文明起源于多地，各自发展，而后相互交流。无论哪一种意见，都无法否认文化在交流中发展的事实。在漫长的历史进程，不同地域的文化相互交流、对抗、融合、分化，呈现出丰富多样的形态。对此，古代文献以及现代考古成果都可给出足够充分的证明。文化交流存在多种途径，迁徙、贸易、战争、通婚、朝贡等都可以促进地区或民族间的文化交流。

在和平时期，尤其是进入全球化时代后，跨国文化贸易成为越来越重要的文化交流行径。今天世界各地的人们对本地以外文化的了解与认知更多依赖传媒、影视、图书、演艺、娱乐节目等手段，也就是依赖文化产品。以我国自己的情况为例，除非采用专业的视角和手段，普通民众对日本、韩国、美国、英国等发达国家的文化了解是通过这些国家的文化产品达成的；对东南亚、中亚、非洲、南美地区的了解并不多，则与这些地区文化产业尚不发达，在我国很少看到这些国家的文化作品有直接的关系。

同理，其他国家和地区对我国文化的了解也需要借助一定的媒体，国际旅游、会议、会展等都是重要的跨文化交流媒介。更为主流的媒体则是影视、图书、演艺、游戏等直接承载文化符号的内容文化产品与服务。只有让我国的文化符号类产品走进其他国家和地区人们的生活，才可能让更多的人了解中国文化，也才有机会深化我国与不同国家或地区的文化交流，让中华文化融入世界，成为世界文化之林的重要组成部分。

因此，文化出口并不是国家在经济发展中的选择项，它是我国在崛起的过程中的时代规定，是一定进行，且必须成功的伟大事业。

第二章　文化出口的发展与繁荣

20 世纪 90 年代以后，我国政府开始大力倡导、推动文化产业的发展，并且在较短的时间内取得了令人瞩目的成绩。伴随着文化产业的迅速发展，文化产品与文化服务的出口日益受到重视。从统计数据看，我国文化出口的规模连年增长，获取的经济效益也不断增加。

第一节　文化出口的发展契机

文化出口属于对外文化贸易的一部分，对外文化贸易则是文化交流的一种形式。文化交流是人类社会发展的常态。在不同的历史时期，文化借助各种媒介，以各种样态跨越地理、文化的距离，在不同地区、不同民族之间穿行。不同地区、不同民族之间的文化交流是必然的，却不是无条件的。负载文化符号的媒介，相近相异的地理因素，传统习俗的差异等都是文化交流的前提。

由单纯的文化交流发展到对外文化贸易需要一定的前提。首先，它需要满足国际贸易产生的一般条件。按照社会分工理论，对外贸易的产生需要具备两个条件：一是要有可供交换的剩余产品，二是要有政治实体。① 前者表明贸易的内容，后者表明贸易的主体。其次，国际文化贸易属于一种特殊的对外贸易。文化出口虽然属于贸易的一种，经济利益或许是其先导，但是，其间难免挟带着政治、意识形态、宗教文化等诸多方面的考量。而且，这些也是实现文化出口必须具备的条件。这些既受到宏观的世界发展态势的影响，也由本地政治、经济、文化等诸方面发展水平所决定。既是本国与文化进口国之间的国家关系的反映，也取决于国内文化产业的发展与繁荣。

一、文化产业的繁荣

国内文化产业的发展是对外文化贸易的基础。如果没有文化产业的健康发展，成长为规模产业，就没有大量可供传播的文化产品与文化服务，文化出口也就无从谈起。改革开放后，我国致力于发展出口外向型经济，经过 30 多年的努力，至今已经成为外向型加工制造业的大国。但是，由于我国的文化产业一度处于蛰伏期，没有得到充分发展，对外文化贸易的状态自然也乏善可陈。

随着我国经济实力的不断增长，人民消费水平的提高，物质生活条件的改善，人们越来越注重精神生活的内容，文化消费在消费支出中所占比重也开始逐年增长。我国部分经济发达地区，如北京、上海、广州、深圳等一线城市，已经开始进入文化娱乐消费迅速增长的发展阶段。参照国际经验，当人均 GDP 超过 3 000 美元的时候，居民的文化娱乐消费就会迅速增长。2008 年，我国的人均 GDP 已经超过 3 000 美元，却没有出现相应的文化消费增长，这与

① 薛荣久. 国际贸易[M]. 北京：对外经济贸易大学出版社，2008：6.

当时我国的文化产业尚没有受到足够重视，发展程度有限有关。随着国民经济继续发展，2011 年，我国全年国内生产总值达到 471 564 亿元，[①]有 25 个省的人均 GDP 已经超过 4 000 美元。值得注意的是，2011 年，我国的第三产业年增加值比重为 43.1%，这一数据表明，我国的服务业处于高速发展期，与服务产业相关度极高的文化产业也处于高速发展阶段。2012 年 5 月 30 日，文化部发布的数据表明，2010 年，我国文化产业增加值达到 11 052 亿元。自中国共产党第十七次全国代表大会（2007 年 10 月）以来，文化产业的增加值年均增长速度在 20%以上，在国民经济中所占比重逐步增加。[②] 据统计，"十二五"期间，文化产业增加值实现预期目标，翻倍增长，"从 2010 年的 11 052 亿元增长到 2015 年的 25 829 亿元，占同期 GDP 的比重从 2.75%上升到 3.82%"[③]。早在 2010 年，广东、上海、北京、湖南等省（直辖市）的文化产业总产值已占当地国民生产总值的 5%以上，成为当地的支柱产业。这些数据表明，我国的文化产业在发展端积聚了巨大的能量，一旦我国国内居民的消费方式由物质消费为主过渡到符号消费为主的阶段，文化产业就迎来了高速发展期。

发展需要有方向，文化消费市场就是文化产业发展的重要方向，生产与消费之间的良性互动关系应该是任何产业发展的必要条件。2012 年，党的十八大报告中提出"加快完善文化管理体制

---

① 中华人民共和国国家统计局. 中华人民共和国 2011 年国民经济和社会发展统计公报[R/OL]. 中华人民共和国国家统计局网站，2012 - 02 - 22[2018 - 04 - 01]. http://www.stats.gov.cn/tjgb/ndtjgb/qgndtjgb/t20120222_402786440.htm.

② 文化部网. 十七大以来文化建设成就系列——文化产业专题新闻发布会[EB/OL]. 国务院新闻办公室网站，2012 - 05 - 31[2018 - 04 - 01]. http://www.scio.gov.cn/ztk/dtzt/91/10/3/Document/1259110/1259110.htm.

③ 王静宇. 文化旅游产业：经济转型发展新引擎[N/OL]. 中国经济时报，2016 - 07 - 05(A2)[2018 - 04 - 01]. http://jjsb.cet.com.cn/show_475957.html.

和文化生产经营机制，基本建立现代文化市场体系”，[①]建设完善的文化市场体系成为文化产业发展的重要目标。这一市场体系的主要部分仍在国内各级文化消费市场。在努力提高国内居民文化消费水平，建设文化消费市场的同时，在战略上把开拓国外文化消费市场，纳入我国文化产业市场体系，为我国的文化产业争取更大的发展空间。这就成为推动我国文化出口快速发展的重要契机。

二、对外开放的深化

在一定意义上，国际贸易发展水平是国家对外开放程度的标杆。一个国家对外开放程度越高，同其他国家和地区之间的经济交往就越频繁、越深入，对外贸易也就越发达。

由于文化商品和服务的特殊性，文化出口更有赖于国家的对外开放程度。一个国家对外来文化的限制既有其保守的一面，也有其保护本国文化传统免受外来文化冲击的积极因素。如果一味采取保护的策略，在文化商品和文化服务上不能实行开放的政策，那么，本国的文化产品和文化服务也会在其他国家受到相应对待，无法进入国际市场。

我国的文化市场发展得益于实施对外开放政策。以我国的电影产业为例，它的发展就是由引进开启的。中国加入WTO之后，美国大片对中国电影市场的冲击令中国电影人坐立不安，一些人纷纷叫喊狼来了，殊不知人们眼中的这只“狼”在当时给我国疲弱不振的电影市场带来了生机与活力。中国电影工业不仅有了模仿的对象，还明确了超越的目标，借此，电影人的协同努力推动了中

---

① 胡锦涛. 坚定不移沿着中国特色社会主义道路前进 为全面建成小康社会而奋斗[R/OL]. 新华网，2012 - 11 - 17[2018 - 04 - 01]. http://www.xinhuanet.com/18cpcnc/2012-11/17/c_113711665_4.htm.

国电影产业的迅速发展。1994年,在其他行业文化行业迅速发展的时候,电影产业曾遭遇寒冬。“当时的中国电影票房已跌到低谷,再不用进口片来促进市场活跃,民族的电影工业也会遭到打击。”[①]1994年9月,中影公司和华纳兄弟达成协议,采用票房分账的方式发展引进电影,1994年11月,第一部从美国引进的电影《亡命天涯》在北京、上海、天津、重庆、郑州、广州等六城市上映,取得巨大成功。1995年引进《真实的谎言》后更是拉开了引进大片的帷幕,此后,《泰坦尼克号》《阿凡达》……一系列引进电影在不停地刷新着中国电影票房的纪录。与此同时,国内电影也得到了相应的发展,整个国产电影的产业链日趋完备,生产制作、市场推广的水平不断提升。我国导演不断拍摄出叫好又叫座的电影,国产电影也进入商业大片时代,我国导演所拍摄电影在票房号召力等方面和引进电影的整体差距在不断缩小,近年以《战狼2》为代表的国产片在国内票房表现上甚至远远超过了引进电影。中国电影工业的自我发展并没有因引进电影而停滞。这与引进电影带来的分账方式,以及由此引发的院线建设密不可分。完全可以得到这样的结论:文化政策和文化市场的开放为中国电影院线的发展、中国民族电影产业的发展带来挑战的同时,也带来了前所未有的机遇。

对外开放既是机会,也是挑战。WTO的互惠原则即是对等原则,向国外企业开放国内市场的同时,也就取得了相关国家和地区的市场准入证。打开国门,从国外进口文化产品的同时,也获取了文化产品与服务出口的资格。实现文化出口,就必须勇于面对这一挑战,发展本国的文化产业,使其在国际文化市场上不仅拥有

---

① 杨林.《亡命天涯》:首部引进的好莱坞大片[J].传承,2009(1):14.

一席之地，还拥有较高的贸易地位。当我国的文化出口在国际文化贸易中占据较大比重，在国际文化商品市场拥有较大的需求量时，我国文化贸易才会拥有比较性的优势，中国文化的国际影响力才可以得以真正发挥。

三、市场经济的发展

文化贸易是国际市场经济的组成部分，和本国市场经济发展存在着较强的关联度。只有在观念上确立市场意识，在市场经济充分发展以后，才会从市场的角度来看待文化。从市场角度看文化，就是在兼顾文化符号的文化属性与社会属性的同时，看到其市场属性，将其视为可供交易、消费的对象。进而去挖掘、开发文化资源的市场价值，将其转化为可供交易的产品或服务对象，让它们进入文化消费市场，成为市场经济的一部分。文化就成为可以在流通中实现增值的资源，从而推动自身的发展。

当前，国内的文化产业逐渐成为市场经济的一部分，过去以事业方式进行运作的许多文化部门已经在不同程度上完成了“转企改制”的任务，一度依靠国家财政生存的事业单位转变为进入市场领域的企业，成为市场经济的一部分。出版、电信、影视、演艺等行业因此取得了非常显著的发展，在其经济效益迅速提升的同时，社会效益也得到大幅提升。

文化出口要求国内的这些文化企业进入国际文化市场，取得竞争优势，实现文化贸易的整体出超。但是，由于我国文化出口基础薄弱，政府对文化出口仍采取大力扶持的政策，以奖励出口、退税补贴、资金支持等各种形式来培育尚不成熟的文化出口企业。自 2007 年起，我国政府以“国家文化出口重点企业”和“国家文化出口重点项目”认定的方式，来引导文化出口的方向，以期形成竞争优势。需要警惕的是，这些方式和市场调节机制之间还存在着明显的差异。市场机制的核心是竞争，如果我们的文化出口企业并不是按照市场规律来提升在国际市场上的竞争力，从而推动文化出口，长此以往，各类文化企业的国际竞争力根本无从谈起，更不用说树立品牌、构建产业链、打造文化出口的航母了。我国只有坚持走社会主义市场经济之路，遵循市场规则，实现与国际文化市场的对接，才可以从整体上推动文化出口的健康发展。

根据李嘉图贸易模型，各国比较优势会引发一体化的市场重新分配资源，从而导致国家经济对外依存度的提升。文化产业以及文化贸易的发展也会推高我国文化产业的对外依存度，这种依存度具有两面性，一方面是自身消费对国外文化产业的依赖，另一方面是国外市场对我国文化产业的依赖。当前，我国的文化进出口比例失衡，文化进口仍高于文化出口，这种状况表明我国的文化消费对外的依存度要远高于其他国家对我国文化产品的消费依存度。如果不及时改变这种状况，会造成我国的文化进出口的持续性失衡，甚至损害到国内文化产业的发展。因此，面对市场经济的挑战，加速发展我国的对外文化贸易，尤其是出口贸易，在国际竞争中赢得一席之地，也是发展文化产业的必经之路。

四、国际文化贸易平台的建设

实现文化出口还需要公平的国际市场竞争环境。由于文化产品与服务的特殊性，国际文化贸易平台必须有别于其他商品。目前，在对待这一问题上各国的意见并不统一。通过谈判达成的一些国际贸易规则就是国际文化贸易平台的一部分。目前，国际文化贸易平台的主要支点有两个，一是“世界贸易组织（WTO，World Trade Organization），以及其前身关税和贸易总协定 1947

(GATT 1947)”[①]，一是《UNESCO 保护文化内容和艺术表现多样性公约》。前者的目标是互惠(对等)等原则下，建立充满活力的持久性多边贸易体系，后者则旨在突显文化对人类的特殊性，强调其不可化约性，特别指出不能把文化作为普通的商品来对待。这两个支点具有鲜明的互补性，共同阐明了文化贸易中的普遍与特殊之间的辩证关系。

我国在进行文化出口时，不仅要善于利用现有的国际文化贸易平台，还要从我国的文化特殊性和文化贸易发展水平出发，力争构建有利于自己的平台，在通过文化贸易实现互惠的前提下，重点推动文化出口。一些国家的做法值得我们效仿。比如：韩国、法国在面对好莱坞电影对国内市场的冲击时，通过配比制限制美国电影的进入数量，以保护国内影视产业的发展。这一做法的本质就是在构建有利于自身的国际文化贸易平台。加入 WTO 后，按照相应条款，我国将逐步放开国内文化市场。2012 年 2 月 18 日，我国和美国就解决 WTO 电影相关问题的谅解备忘录达成协议。中国每年将增加 14 部美国进口大片，引进美国大片将增加到 34 部。[②] 这一消息让中国电影人喜忧参半。因为美国大片在国内电影市场的上佳表现，电影院线行业非常高兴。国内的制片、导演、演员们则忧多喜少，担心国外大片火热的票房挤压国产电影市场，不利于国产片的发展。其实，我们完全可以按照相应条款，要求 WTO 缔约国为我国的文化出口给予更大的市场开放，给我国的文化出口提供良好的条件。

---

① 塔尼亚·芙恩. 文化产品与世界贸易组织[M]. 裘安曼，译. 北京：商务印书馆，2010：1.

② 苗春. 2012：中国电影终于扛过来了[N/OL]. 人民日报海外版，2013 - 03 - 04[2018 - 04 - 01]. http://paper. people. com. cn/rmrbhwb/html/2013 - 03/04/content_1206118. htm.

国际文化贸易平台的存在既可以是维护贸易公平的场所，也可能变成发达国家实施文化倾销战略的工具。目前，我们还没有充分利用这些平台推动文化出口的发展，在通过谈判的手段争取自己的合法权益的同时，打造有利于自己的国际文化贸易平台，是推动文化出口的另一个亟待解决的问题。

第二节　文化出口的政策驱动

政府主导和推动下的对外贸易活动是我国的文化出口比较突出的特征。中央政府（主要由文化部）决策并制定、实施相应的鼓励措施推动文化出口，各级政府按照中央相关决策和部署展开各项工作，根据各自实际情况制定、实施相应的地区计划。形成了上下一体，各级互动，整体推进，全面推动外向型文化贸易的格局。政府主导和推动文化产业出口的做法，既是世界性的成功经验，也是由现阶段我国经济、政治制度所决定的。比较世界文化出口诸强，政府都是其背后的推动力量，立法、资助、制订保护政策是多数国家为推动本国文化出口所采取的一般策略。我国实行以公有制为主体，多种所有制共同发展的经济制度，国有大中型企业成为国民经济的支柱。以中央政府为核心的金字塔型政府结构使得政府的决策一般自上而下垂直执行。基于此，中央和地方各级政府形成了文化出口的发动机。在这一发动机的强力推动下，我国的文化出口才得以快速成长。

一、从文化交流到文化出口

文化出口是文化交流的重要组成部分，它的重要性是在历史的发展过程中逐渐形成的。我国与其他国家和地区之间的文化交流有着悠久的历史。如果追溯历史，举世闻名的丝绸之路的开拓、鉴真东渡、郑和下西洋等历史壮举在客观上促进了文化交流。东亚文化圈的形成也与中华文明与周边地区的文化交流密不可分。

由于历史的原因，文化交流在改革开放之前一度成为政治和意识形态交流的伴生物。在文化为政治服务的大前提下，文化贸易更是处于停滞的状态。对外文化工作由中央政府主导，成为它的一项主要职能，文化交流活动是从国家高度开展的。刘静、李兴等学者以改革开放为界将我国的对外文化工作分为两个阶段。前一阶段，对外文化交流与合作由政府执行，成为政府外交的一部分，在与其他国家进行文化交流的过程中，也促进了国内的文化事业发展；后一阶段，对外文化交流的主导者依然是政府，主体则由文化企业承担，各种民间组织也加入文化交流的大潮中。[①] 企业成为主体意味着文化贸易已经在文化交流中占主体地位。文化交流的主要目的不再只是增进友谊、加深了解，而是为了繁荣经济。文化交流不再是政治的附属品，反过来政治要为以文化贸易为主要形式的文化交流服务。文化贸易地位的上升自然会提升对文化出口的重视，2002 年 7 月，时任文化部部长的孙家正提出要实施文化“走出去”战略，这是在实施经济“走出去”战略的基础上，发展对外文化工作的重大举措。当时，政府的出发点仍是传播中国文化、塑造国家形象，在传统的文化交流推广基础上，增加了以文化贸易为手段。2006 年 9 月，《国家“十一五”时期文化发展规划纲要》中提出“十一五”时期文化发展的重点工作之一是要抓好对外文化贸易重大工程、项目的实施。开始逐步落实文化“走出去”战

① 中华人民共和国文化部对外文化联络局（港澳办），北京大学文化产业研究院. 中国对外文化贸易制度报告（2010）[M]. 北京：北京大学出版社，2011：87—88.

略。2008 年,由美国次贷危机引发的全球经济危机重创全球经济,我国的出口型企业多受波及,以订单加工、装配制造为主的外向型经济发展模式受到严重的挑战。为增强我国经济的抗风险能力,发展良性的国民经济,经济发展模式转型成为必须完成的任务。与此同时,寻找新的经济增长点,探索经济发展的蓝海成为一时之选。

根据历史经验,文化娱乐产业在经济危机中的表现往往一枝独秀,形成所谓的“口红”效应。为消除危机,重振经济,大家不约而同地将目光投向文化产业。文化出口的角色也开始发生变化,人们开始审视它为国民经济做出的贡献。以美国为代表的发达国家在文化出口方面的历史优势及其取得的巨大经济收益也启发人们重视文化出口。我国政府开始采取一系列措施,在大力发展文化产业的同时,推动文化出口。自 2009 年起,我国政府在一系列推动文化产业发展的政策和举措中都增加了发展文化出口的部分。2011 年 3 月,《“十二五”规划纲要》中提出“构建以优秀民族文化为主体、吸收外来有益文化的对外开放格局,积极开拓国际文化市场,创新文化‘走出去’模式,增强中华文化国际竞争力和影响力,提升国家软实力”[①]。2011 年 4 月,文化部出台《关于促进文化产品和服务“走出去”2011—2015 年总体规划》,提出要侧重从商业性的角度推动“文化出口”的发展。[②] 文化交流已经从政治的附属品转向经济的主体内容,文化出口成为经济发展的一部分。商业性的文化出口不再只是完成其他任务的手段,它本身成为目的。

---

① 中华人民共和国国民经济和社会发展第十二个五年规划纲要[EB/OL]. http://www.gov.cn/2011lh/content_1825838_11.htm.

② 郑洁.文化部扶持“文化出口”五年规划出炉[N].北京商报,2011-04-11(A4).

二、文化出口政策的连续性

改革开放之前，我国实行计划经济体制，国内市场尚不发达，更遑论出口了。改革开放后的一段时间，我国全力发展劳动密集型的加工制造业，并且取得了巨大的成就，各项经济指标的喜人表现很容易让人们产生路径依赖的心理，认为坚定不移地按照既有模式发展就可以取得满意的成绩。客观地讲，改革开放后的一段时间内，我们并没有清楚地理解文化出口的重要意义。直到 2001 年，文化部颁发《文化产业发展第十个五年计划纲要》，才将“以市场为导向”，“立足民族文化资源和国内文化市场，积极利用国外优秀文化资源，积极参与国际文化市场竞争”作为发展文化产业的基本方针。其中，将“鼓励发展外向型文化产业，提高对外文化交流的规模和水平”作为主要措施之一，要“鼓励文化产业单位面向国际市场，充分利用国际国内两个市场、两种资源发展外向型文化产业，以利于引进世界一流的文化艺术产品，出口优秀的、具有民族特色的文化艺术产品。同时，进一步简化出口审批手续、缩短审批时间，对于有条件的单位逐步给予文化艺术产品和服务的进出口权。鼓励国内的演出经纪单位在国外设立演出经纪机构，开拓国际演出市场”①。

2003 年，文化部颁发《文化部关于支持和促进文化产业发展的若干意见》，提出：“实施‘走出去’的发展战略。积极争取有关部门支持，对出口的文化产品和文化服务给予优惠，在金融、保险、外汇、财税、人才、法律、信息服务、出入境管理等方面，为文化企业开

---

① 文化产业规划研究课题组. 文化产业发展第十个五年计划纲要[M]//江蓝生，谢绳武. 2001—2002 年：中国文化产业发展报告. 北京：社会科学文献出版社，2002：110.

拓国际市场，培养扶持有较强创新能力和竞争实力的大型国有文化企业，做大做强一批对外交流的文化品牌，将我国优秀的艺术院团和有品位的艺术展览，特别是反映当代中国风貌的现代文化产品推介到国际市场。扩大与管理规范、技术先进、对我友好的国外知名文化集团的合作，把我国的文化产品和文化服务尽可能多地打入国际市场。”

2012 年，文化部“十二五”时期文化改革发展规划中关于文化出口的文字是这样表述的。“推动文化产品和服务走出去。积极探索推动中华文化走出去的新方式、新办法，鼓励更多地以民间和商业的方式走出去，促进不同文化的相互了解和尊重，建立健全政府对外文化贸易工作框架。实施品牌战略，着力培育一批具有自主知识产权和较强国际竞争力的大型文化企业，鼓励文化企业通过多种方式参与国际文化市场竞争。加强信息服务，完善文化贸易统计系统。搭建对外文化贸易平台，加强国际营销网络建设，建立政府间对外文化产业合作机制，协助提升国内文化产业领域重点展会的国际化运营水平。推动实施出口便利化措施，在重点出口地区建立对外文化贸易基地。逐步形成以政府为引导、企业为主体、市场化运作为主要方式的对外文化贸易新格局。”

回顾十几年间我国政府对文化出口，文化“走出去”的战略始终不变。一方面说明政府推动、发展文化出口的决心，另一方面也反映出我国的文化出口发展并不尽如人意。“十二五”将“探索推动中华文化走出去的新方式、新办法”作为重要内容，提倡“参与国际文化市场竞争”，提升“国内文化产业领域重点展会的国际化运营水平”。在文化出口上实现与国际接轨的思路非常清晰。同时，将政府的职责变为“引导”，将“企业”作为文化出口的主体，采取市场化运作的方式表明我国的政策逐步向当前国际文化贸易通行做法靠拢,从国际文化贸易平台的常规和惯例出发来制订发展政策。

2017 年,“十三五”在推动文化“走出去”方面给出了更为具体的规划。在继续培育以企业为文化出口主体的基础上,要“加大内容创新力度,打造外向型骨干文化企业”。在利用先进形式和先进技术推动文化出口的同时,强调具体的文化类别“走出去”。特别强调推动中华医药、中华烹饪、中国园林、中国武术等中国传统文化精粹走向海外。

三、政府在文化出口中的作用

政府主要依靠政策引导和支持在文化出口中发挥作用。我国政府在文化出口中的作用大致可以体现在倡导、主导、引导三个层面。

文化商品和服务的特殊性,开展文化业务的企业一般都需要取得政府的许可。这几乎是世界各国进行文化管理的惯例。在相当长的一段时期,我国把文化纳入公共事业的范围,与其他国家和地区之间的文化交流并没有采取贸易的方式,因此,也就不存在所谓的文化出口。

改革开放之后,港台影视、流行音乐的流行,美国大片的引进,逐渐改变了人们对文化的看法。特别是重新定义文化产业这一概念之后,对文化工业的态度经历了彻底的翻转,由批判到肯定,再到致力发展。经过一番探索之后,政府开始倡导文化出口,一些企业、组织和机构才逐步走上文化出口之路。设立文化产业出口名录,对成功开展文化出口的企业进行一定的奖励就是倡导的具体体现。倡导既是号召,更是许可。但是,文化出口所需要的资源支持远超过其他产业,尤其是发达国家的文化产业已经形成巨大的规模,甚至出现了垄断的局面,若干文化企业凭借自身的力量很难在国际文化市场中争得一席之地。比如当前的国际电视剧市场就呈现出垄断的特征。20 世纪后半期，美国的电视剧出口占据了全球电视剧出口贸易额的 75％以上，其出口地以北美、拉美、欧洲为主，遍及全球；进入 21 世纪后，韩国电视剧统治了亚洲电视剧出口市场。美国、韩国等国家在国际电视剧出口市场中的强势表现对其他国家的电视剧已经形成了贸易壁垒。单靠个别企业的力量，无法突破旧格局形成的市场进入壁垒。必须由更强有力的组织参与，由政府机构出面来整合多方面的资源，多方协作，打造规模经济体，构建文化产品的对外竞争优势，从而实现文化出口的目标。在这种情况下，政府在文化出口中的作用由倡导转向主导。

我国政府对文化出口的主导作用主要体现在以下几个方面。一是确定重点发展领域，明确出口战略方向。比如图书版权、影视、文艺演出等带有我国文化特点的行业，成为政府在文化出口中扶持的重点。二是采取补贴的方式支持文化出口的发展。政府采取出口退税、配比奖励等手段推动文化出口，并且已经取得了一定的成效。由于文化出口难度较大，所需要的前期启动资金较大，市场培育和发展时间都比较长，如果得不到强有力的支持，一些企业就会在文化产品走出国门前就退出这一行业。和美国相比，我国的风险投资机制尚不完善，也没有形成足以支持文化出口周期性发展的文化出口风险投资行业。国内的一些企业发展所需要的前期资金有不少来自境外资本，这给我国的文化产业发展埋下了变数。为此，政府采取各种形式，从资金上对文化出口进行支持是十分有必要的。三是奖励文化出口。政府在意识到文化贸易的重要作用之后，对在文化出口方面取得实绩的企业进行多种形式的奖励，以鼓励文化企业加快文化出口的步伐。四是采取有力措施，以政府力量在全球范围内推广中华文化，做文化出口的市场培育者。

当政府重视国际文化市场培育时，已经开始进一步转变在文化出口中的作用。2012年,文化部"十二五"时期文化改革发展规划中提出"逐步形成以政府为引导、企业为主体、市场化运作为主要方式的对外文化贸易新格局",其意在转变政府在文化出口中所担负的职能,改变其发挥作用的方式。

需要强调的是,政府在发挥倡导、主导和引导作用时,应逐步转换身份,弱化主导者的身份,凸显企业的主体力量。目前,虽然也提出以企业为主体,但结果却可能截然相反。政府借助奖励、扶持、立项等方式参与到文化出口中,其出发点是为企业提供支持。但是,如果没有把握好相应的尺度,很可能造成政府的过度参与,从而弱化了企业的主体地位,降低了企业竞争的积极性和主动性。一些从事文化出口的企业不去开掘国际文化市场,反而将主要精力用在如何争取政府支持方面。一旦获得政府的支持,也没有全力以赴发展文化出口业务,而是利用政策或资金上的便利从事其他业务,为企业获取利润。这种短视的做法或许可以很快取得收益,却无益于文化出口的长远发展。

有鉴于此,转变政府在文化出口中的职能就很有必要。以企业为主体发展文化出口才是较为合理的选择。政府应该切实担负起应尽的职责,做好减免税收、简化手续等常规性工作,促进文化出口贸易的发展。当务之急,我国政府还应该加强信息服务体系建设。与美国相比,我国在统计文化出口的相关情况,以及数据发布上都还存在着巨大的差距。而开拓文化市场、完成出口贸易需要有大量、即时性的信息,能完成这一任务的只有相关的政府职能部门。因此,政府应该加强这方面的工作,"建立较完整的、系统的对外文化贸易服务体系"①,为文化出口提供有效的信息支持。

---

① 祁述裕.中国文化产业发展战略研究[M].北京:社会科学文献出版社,2008:260.

其次，政府应该承担文化出口监护者的角度。监督文化出口在合法、合理的范围内进行，保护从事文化出口企业的合法权益是政府应当担负起的责任。从版权保护、跨国贸易规则制订等方面为文化出口提供支持。一般来说，文化产品和服务都与相应的版权相关。在版权保护方面，我国还存在着很多不足。虽然制定了相关的法律条文，具体到执行上，成效并不理想。近些年来，山寨文化大行其道，既是对法律的践踏，也是对行业良性发展环境的破坏，还给我国制造业在世界范围内塑造出来的"中国制造"的国际形象造成了不良影响。利用现代的科技手段，文化产品可以被轻易地复制、转载、再造。不仅破坏了消费市场，还损害原创者的利益，降低了创新的愿望。失去了创新的动力，无法生产出具有新鲜创意、令人愿意消费的文化产品，没有好的产品，也就无法实现文化出口。因此，政府应该担负应尽的职责，加强服务、规范管理，打击盗版，依法保护版权所有者的利益，保护原创，也就保护了文化出口中的利益不被非法侵犯。从而推动文化出口的有序发展。

第三节　文化出口的显著成效

作为文化出口的主导者，政府可以设立明确的目标，制定详细的计划，统筹安排，整合各方资源，迅速调整不利于文化出口的各种因素，清除阻碍文化出口的各种障碍，以取得理想的效果。的确，高效实施推动文化出口的各项措施，令我国的文化出口状况在较短的时间内有了明显的改观，在出口企业数量、出口业绩、出口结构等方面取得了很大的发展。

一、出口规模持续扩大

2000年以后的十几年间，我国的文化产业迅速发展，对外文化贸易也进入了快速发展期，在文化进口不断增长的同时，文化出口也迅速增长，成绩斐然。

我国文化出口的结构中，图书版权出口一直占据着领先的位置。我们国家版权局2000年和2010年对图书版权的统计对比说明了我国文化出口的变化。从国家版权局2000年对全国图书版权输出情况所做的统计中可以看出，当时我国的版权出口业务量非常少。从总量上看，九大类版权出口只有1 443种；从种类上看，只有图书、录音制品、电子出版物和电视节目等文化产品有出口业绩，期刊、录像制品、软件、电影及其他类版权产品没有任何出口记录。并且，很难从这些统计数据中判断当时的版权出口是否赢利。2000年，我国版权引进的总量是7 343种，仅从美国引进的版权数量已经是我国版权出口数量的两倍以上，版权贸易的引进输出比为五比一。到了2010年，我国的图书版权贸易有了质的飞跃。在进出贸易均大幅增长的同时，版权贸易的引进输出比也有了较大的改善。2011年2月28日，在中央外宣办举行的新闻发布会上，时任新闻出版总署副署长的蒋建国表示，"'十一五'时期，是中国新闻出版业大发展的时期。与'十五'时期末相比，全行业总资产、总产出、总销售都翻了一番，印刷业翻了两番。2010年总产出达到13 000亿元，增加值占到国内文化产业核心层增加值的60%多。'十一五'时期全国累计生产图书136万种、338亿册，是'十五'时期的两倍。到2010年，中国图书出版品种和总印数、日报总发行量已居世界第一位，电子出版物总量已居世界第二位，印刷业年产值已居世界第三位。中国报刊发行已覆盖80多个国家和地区，图书和期刊等出版物已进入 193 个国家和地区，版权贸易引进输出比从 2005 年的 7.2∶1 变为 2010 年的 3∶1”[①]。版权贸易引进输出比的缩小表明，我国的版权出口增速超过了进口增速，图书版权出口呈现良性发展的态势。

版权贸易只是我国文化出口贸易的缩影，其他类别的文化出口也有着相近的发展轨迹。电影、电视、流行音乐、电子游戏等对外出口的种类和数额也在逐年递增。随着国家的大力提倡，在一定程度上更加重视市场机制，国内的电影电视行业发展迅速。影视产品与服务的出口也越来越受到重视。2000 年，张艺谋执导的《英雄》全球上映，海外票房达 11 亿元。开启了我国电影出口淘金的热潮。从近两年的统计来看，我国的影视出口增长迅速。“2009 年，中国影视节目出口总时长约 10 617.2 小时，影视文化产品和服务出口总金额约达 8 604.2 万美元，其中影视节目出口 5 889 万美元。”[②]两年后，“2011 年，全国影视文化产品与服务出口总额共计 1.56 亿美元，出口覆盖五大洲 100 多个国家和地区。其中影视节目出口约 1.6 万多小时，出口额 6 700 多万美元”。“共有 55 部影片销往 22 个国家和地区，海外票房和销售收入 20.46 亿元人民币。”并且“出口重点企业带动作用日益明显”，59 家广播影视类国家文化出口重点企业出口总额达 1.35 亿美元。[③]

据联合国教科文组织数据研究院（UIS）的一份最新报告《文

---

① 邱观史.“十一五”时期新闻出版业总资产总产出总销售翻番[EB/OL]. 2011-02-28[2018-04-02]. http://news.china.com.cn/2011-02/28/content_22017256.htm.

② 中国新闻网. 广电总局：2009 中国影视节目出口 5 889 万美元[EB/OL]. 2010-03-11[2018-04-02]. http://www.chinanews.com/cul/news/2010/03-11/2164623.shtml.

③ 庞井君. 中国广播电影电视发展总报告[M]//杨明品，李岚. 中国广播电影电视发展报告(2012). 北京：社会科学文献出版社，2012：9.

化贸易全球化：文化消费的转变——2004—2013 文化产品与服务的国际流动》显示，自 2010 年起，中国的文化出口总值已经超过美国，并且保持连续快速增长的态势。2013 年中国文化产业品出口总值达到了 601 亿美元。一方面，正如有学者指出那样，这份报告中的对文化出口与服务的界定包含了大量的工业产品。[①] 这份报告中的数据还显示，我国的文化出口增幅与珠宝首饰类的出口幅度增长之间存在着一致性。也就是说，在我国增长的文化出口总量中，有很大一部分是传统的加工制造业所创造的价值，而非源自文化内容。另一方面，我国文化出口的实力在不断增强也是一个不争的事实。

二、出口结构逐渐优化

点面结合、多头并举是我国文化出口结构的特点。这里的重点是我国在文化出口产品或服务的选择上，也表现在出口地区的选择上。

点面结合、重点带动既是现实的反映，也是一种出口策略。作为一个经济体系相对完备的大国，在发展战略上要求全面发展。但是，我国自身文化产业的发展具有历史性的特点，国际文化贸易的发展状况要求我国在推行文化出口时必须采取重点带动、全面推进的策略。与日本、韩国不同，我国经济在维持近 30 年的较快增长后，已经发展成为一个规模巨大的经济体。另外，我国的国土、文化、人才等为文化产业提供养料的资源要远远超过日本和韩国。这些因素决定了我国的文化出口项目并不像日本、韩国那样单一，反映到出口产品结构上，就表现为重点种类突出，其他种类

① 意娜. 文化产品和服务出口的“肥皂泡”? [EB/OL]. 2016-08-16[2018-04-02]. http://www.sohu.com/a/110633191_179557.

也有不同程度的发展，就门类而言，显得比较均衡。这一特点造成了我国文化出口的综合实力比较强，可以为未来出口资源的关联、整合提供有利的条件。

在出口地区选择上，考虑到国际文化市场需求的分布情况，以及我国在文化产品和服务方面的比较优势，在地缘因素以及与之密切关联的文化接近性方面的影响，我国当前的文化出口重点区域有两个，一是欧美等发达国家，主要以版权贸易为主，另一个是东亚、南亚地区，主要以手工艺品的出口为主。

在内容方面，图书出版一度是我国文化出口的重点和热点，其他门类的文化产品和文化服务也在文化“走出去”战略的带动下加快了走出国门的步伐。影视、电子游戏、文艺演出等部门的文化出口也取得了较好的成绩。

随着文化产业的发展与壮大，我国文化出口在产品结构上开始逐渐多元化，从最早以图书、演艺为主，向影视、游戏、版权贸易、设计等诸多领域深入。同时，文化出口地也拓展到全球各个地区。因此，在出口结构上呈现出不断优化的特点。

三、出口企业不断增多

从 2007 年到 2017 年，国家以认定重点出口企业的方式扶持文化出口，十年发展，打造了一批致力于文化出口的文化企业，这些企业站在文化出口的最前线。由于市场在不断发展变化，很难统计出我国当前从事或涉及文化出口的企业共有多少，但是，我们还是可以从国家认定的文化出口重点企业的变化来判断文化出口企业的发展情况。2007—2008 年度国家文化出口重点企业，共有四大类（新闻出版、广播影视、文化艺术和综合类），计 142 家。2009—2010 年度，国家文化出口重点企业增至 211 家，比上期增加 69 家，增幅约 48.6%，接近一半的增长率一方面说明国家对文化出口扶持力度的加大，另一方面，也说明文化出口企业数量和规模都在迅速增加。2015—2016 年度，国家文化出口重点企业已达 352 家，重点项目 139 个。由于重点企业、重点项目数量的增加是以非重点企业数量的增长为基础的，在良好的条件下，那些非重点企业在数量上的增长可能更加迅速。这些重点或非重点的企业正日益成为我国文化出口的主体。

在众多从事文化出口的企业中，一些大型国有企业，如中影进出口总公司、中国图书出版进出口总公司，占据着较大的份额。除此之外，还出现了一大批中小企业。这些企业或从事产品和服务的输出，或从事文化加工。一些承接外包服务的动漫公司、设计公司、软件公司都将自己的视野对准了国际市场。这些企业现在仍处于文化产业链的下游，它们所做的工作主要是相对低级的文化产品加工。但是，它们在文化出口中贡献的力量不容小视，赚取外汇、培养人才、提高管理等伴随着文化出口而来的种种收益在提升这些企业自身的同时，也不断壮大我国文化出口的整体实力。

尤其值得重视的是，一些企业从外包起步，在从事外包加工中不断学习，增强了自身的能力，最后走上自主创新之路，成为文化出口企业中的佼佼者。

第三章 文化出口的竞争弱势

根据各自对文化和文化贸易的理解，不同机构在统计文化出口时，采用的指标并不一致。不同的指标必然导致不同的统计结果，依据这些结果对文化出口的成效进行评估时，难免得出不同的结论。在分析我国文化出口的现状时，应该注意到这一点。比如联合国教科文组织的统计指标和我国的统计指标就有明显的差异。然而，无论采取哪一种当前通行的指标，对文化贸易进行统计，结果都表明我国的文化出口已取得巨大成就。然而，我国一些学者在分析文化出口时，得出的结论恰恰相反。那就是我国的文化出口仍然没有摆脱内容出口难的困局，需要大力调整。[①]

结论矛盾的原因在于两者基于不同的立场和视野。以贸易额为指标，历时性地对比我国的文化贸易，成就是巨大的；共性时地比较某些类别的文化出口，我国的文化出口优势也非常明显。然而，从竞争的角度，以文化的国际影响力（文化竞争）为参照点，或者以我国文化产业在国际文化产业价值链上的表现（即价值链竞争）为依据，当前的文化出口就呈现出明显的弱势。这里分别从两个层面分析讨论文化出口面临的问题：一是作为商品与服务的文

---

① 刘传军. 我国发展对外文化贸易还需大力调整结构[EB/OL]. 2018-03-16[2018-04-02]. http://www.ce.cn/culture/gd/201803/16/t20180316_28502541.shtml.

化出口,从全球价值链的视角来看文化出口;一是作为文化的文化出口,从我国文化的国际参与度、国际影响力来看文化出口。前者在一定程度上等同于其他类别的文化出口,在贸易活动中遵循一般的规律与规则;后者则因为文化的特殊性和时代性而呈现出有别于其他产品与服务的规律或准则。对这两类问题,需要根据具体情况进行具体分析。

第一节　全球价值链中的文化出口

国际贸易直接反映了经济全球化的范围、程度以及进展、变化情况,它既是国际产业链与价值链形成、重构的途径,也是国际产业分工的驱动力,全球价值分配的手段与结果。吕方的研究指出,以美国为首的西方发达国家在国际经济贸易中取得比较优势以后,为获取更多利益,将文化产业也带入产业国际分工的进程中,并且,当前的文化产业国际分工正由发达国家与发展中国家凭借各自的比较优势而形成的"垂直水平型"向发达国家主导的"产业链垂直分工"发展。发达国家掌握产业链中的核心战略环节,发展中国家承接加工制造等非战略环节的文化产业国际分工格局正在形成。[①]

从国际贸易的角度考察我国文化出口,也就是分析我国文化出口行业在国际文化产业链中所处的位置与作用。不考虑我国文化出口在国际文化分工中地位高低,发挥作用的大小,作为商品与服务的文化出口成就斐然。按照某些国际统计指标,不断增加的

① 吕方.国际产业分工与中国文化产业[J].世界经济与政治论坛,2006(5):114—118.

出口贸易额已经让我国连续数年位居世界文化出口国的首位，国际市场的范围也在不断拓展。正如向勇所言，我国已经成为文化产业国际分工的重要组成部分，在国际文化贸易市场中确立了自己的地位。[①] 然而，一旦将我国文化出口放置在文化产业国际分工这一大背景中，考察我国文化产业出口在国际文化产业链中的地位与作用，就会发现我国文化出口在取得显著成绩的同时，所面临的问题依然不少，其不足之处也清晰可见。[②] 在文化出口贸易的各个环节均存在着各类问题，最突出的则是我国文化产品出口仍处于国际文化产业价值链的末端或底部。

一、全球价值链与“微笑曲线”

参与国际文化产业分工的体系中，也就是加入了世界文化消费市场的竞争，一个基本的目标是获取商品或服务的利润，并且追求利润最大化。这一目标的实现程度和当前全球文化产业价值的结构有关，更是由我国从事文化出口的企业在这一结构中所处的位置与发挥的功能决定的。从价值链的角度进行分析，能够更准确地看到当前我国文化出口取得的成绩与存在的问题。然而，考察这些环节在国际文化产业链条中的价值，仍需要具体分析。

国内学者在分析产业关联、产业分工、产业集聚以及产业联盟时，会使用产业链的概念。[③] 产业链在分工基础上建立起来产业结构及其产业内或产业间的相互关联。根据不同的研究偏好和研究对象，形成了多种产业链分析框架。魏然把当前的产业链分析

① 向勇.中国已融入文化产业国际分工[N].中国文化报，2012－12－31(3).
② 吴云.我们的文化产品，比想象中走得远[N].人民日报，2016－05－11(12).
③ 肖小虹.产业链理论研究综述[J].科技创业月刊，2012(12)：74—75.

框架概括为三个层面：价值链与供应链、战略联盟以及产业关联。[①] 这三个框架侧各有重点，供应链和价值链描述的是产业内部上下游企业之间的结构性关联，战略联盟是研究产业链中诸环节之间的竞合关系，而产业关联则是产业链中各组成部分的依存关系。无论何种关系，它们的最终目的都是促成价值的流动。价值在产业内部或产业间的流动就形成了价值链。

由价值链概念演化出的全球价值链概念是当前分析全球贸易的一个重要理论工具。价值链理论最早由迈克尔·波特提出，波特的目标是以价值链概念为核心，描绘企业的竞争策略，为企业竞争取得优势构架一个切实可行的行动指南。波特强调价值链的系统性，将其划分为供应商价值链、公司价值链、渠道价值链和客户价值链四个部分，他认为企业必须把自己的价值链有效地嵌入到这一价值系统中，再从内部价值链采取若干竞争策略(即他所说的成本领先、标奇立异、目标集聚等)，以取得竞争优势。[②] 波特从整个产业的角度系统、整体分析企业创造价值的思想影响非常深远。价值链这一分析工具也被拓展到全球性的产业分析领域。洛克菲勒基金会资助的一次关于全球价值链形成的会议上，一些学者开始讨论全球价值链(Global Value Chains)的问题。[③] 杜克大学的加里·杰菲(Gary Gereffi)是其中杰出的代表。他及以后的学者的研究重心是以全球价值链(GVC)这一概念框架分析全球产业

① 魏然.产业链的理论渊源与研究现状综述[J].技术经济与管理研究，2010(6)：140—143.

② Porter M E. Competitive advantage：creating and sustaining superior performance：with a new introduction[M]. 1st Free Press ed. New York：Free Press，1998：33—34.

③ Gereffi G，Humphrey J，Kaplinsky R. Introduction：Globalisation，value chains and development[J]. IDS bulletin，2001，32(3)：1—8.

分布与产业升级、价值增值等问题。[1] 世界银行发布的《全球价值链发展报告(2007)》指出，随着时间的推进，全球价值链分析框架的运用越来越趋于分化，而不是整合。[2] 也就是说所关注的问题越来越呈现出一种弥散的状态。

就某种程度而言，学术取向的发散状态正是研究深入和开阔的表现。就我国当前文化出口的现状而言，当然可以，也需要采用多种视角，借助不同的概念框架加以分析。但是，为了从整体上描述我国文化出口在全球文化产业价值链上的表现，仍需要回到波特开创的系统性思路，从更为基本的框架入手，将国际文化产业划分为由供应商价值链、生产价值链、渠道价值链和消费价值链四条价值链组成的一个全球文化产业价值链系统。国际文化产业中存在着由全球各地文化产业构成的全球文化产业价值链，这是认识我国文化出口当前地位与价值的重要框架。由于波特的研究重点在于微观分析，目的是为企业提供战略决策的依据和方法，他对每一环节在总体价值链体系中所占比例并没有详加分析。随着时代的发展，人们在交通、科技，以及产业分工领域取得了明显的成就，产业价值链体系也处于不断变化之中。从全球价值链的角度分析我国的文化出口，有必要对波特的价值链系统进行修正。在全球产业分工实践、全球产业价值链不断运动中，人们对全球价值链中不同环节所占的价值比例有了更为清晰的认识。1992 年，台湾企业家施振荣为说服员工将没有附加值的装配业外移，画出一条反

① 韩滋琳. 全球价值链视角下我国出口贸易产业升级路径选择[D]. 天津：天津商业大学，2016：6—8.

② World Bank Group，Nihon BōEki Shinkō Kikō，Organisation for Economic Co-Operation and Development，et al. Measuring and analyzing the impact of GVCs on economic development：global value chains development report 2017 [M]. Washington，DC：World Bank Group，2017：28.

映价值链的“微笑曲线”。[①] “微笑曲线”形象、直观地描绘出具体产业的价值活动分布。我国商业部的研究报告也指出，技术与资本密集环节和信息与管理密集环节占据了“微笑曲线”的左右两端，即产业价值链中高附加值的部分，劳动密集环节则处于“微笑曲线”的底部，即产业附加值低的部分。[②] 从整体上看，如果把全球文化贸易构成的价值链描绘成一条“微笑曲线”，我国的文化出口整体上处于这一曲线的底部，即文化产业附加值低的部分。

二、我国文化出口的价值构成

全球文化产业价值链的国际分布状况是文化产业国际分工的动力与结果，处于不断变化之中。我国文化出口在全球文化产业价值链中的不利地位，体现了我国在文化产业国际分工中所承担的任务，直接反映出当前文化出口的产品与服务在国际竞争中的不利状况。从宏观上分析我国文化出口的价值构成，可以明确我国文化出口在全球文化产业价值链中的位置，为深化文化出口提供有益的决策框架。然而，当前国内外对文化出口的统计框架下，文化产业或创意产业包含的类别繁多，内容庞杂。作为文化符号的媒介、载体或传播渠道的产品和服务大都被归属于其中；作为文化创意产业核心的符号类产品与服务也很难从其载体中剥离，难以独立统计。另外，当前的统计多将产业类别和国别联系在一起，缺少对具体产业价值链分布状态分析之后的统计数据。因此，这里只能对我国文化出口的价值构成做一概括的描述，推测作为产品与服务的文化产品在国际文化贸易各个环节的提升空间。

---

① 施振荣. 施振荣开讲：民族品牌的升级之路[M]. 沈阳：万卷出版公司，2010：2.

② 商务部，国务院发展研究中心联合课题组. 跨国产业转移与产业结构升级：基于全球产业价值链的分析[M]. 北京：中国商务出版社，2007：3.

根据文化产业创意与内容领先的特性，参照波特的价值链分工模型，综合国内一些学者对文化产业的产业链、价值链的研究，这里将全球文化产业价值链大体划分为产品设计研发价值链、加工制造价值链、产品渠道价值链、市场营销价值链等四个部分，以方便分析我国文化出口的价值构成。

（一）文化出口产品设计研发价值

价值链是在系统论思想指导下，对同一产业内部上下游之间分工合作、价值分配比例的描述。根据产业类型的不同，以及不同产业各自的发展阶段，价值链的结构会呈现出多种形态。不仅价值链的构成环节有一定差别，各个环节所占价值比重也不相同。

就文化出口而言，产品与服务设计开发应该位于价值链构成的"微笑曲线"的最左端，即高利润回报、价值丰厚的部分。产品的设计、研发属于文化产业、创意经济的核心层面。正如国内学者朱欣悦、李士梅和张倩指出的那样，文化产业是以创意为先导的，它的"核心要素是知识、创意、智力等可再生资源"[①]。这些核心要素需要经过设计、开发才能够整合到文化产品与服务中。经过机会识别、需求认定、市场预测、核心概念开发与验证、产品与服务的形式和功能设定、生产制作流程与规格设计以及专业申请、知识产权保护等一系列环节，智力资源才转换成智慧产品或文化产品，形成文化产业价值链的源头，成为可以进入流通领域赚取价值的智力资本。作为IP(Intellectual Property，知识产权)，它可以传递到产业链的各个环节，甚至实现跨界联合，横向拓展产业链，产生更多的价值。

在我国文化出口的价值链中，文化产品设计与研发的价值亟

① 朱欣悦，李士梅，张倩．文化产业价值链的构成及拓展[J]．经济纵横，2013(7)：74—77.

待提升。和英、美、日、韩等国家相比，不具备比较优势。

文化产品与服务的设计、开发价值既在于开发的流程与方法，更来源于创意环节。英国、韩国、日本等国家先后制订国家级的创意经济发展策略，以推动国民经济的发展，并有效地带动了本国文化出口的发展。作为其中的代表，英国自布莱尔政府于1995年将发展创意经济作为基本国策之后，从理念、实践，甚至理论领域多个层面推动英国创意经济的发展。在全球创意经济领域，英国俨然以领导者的姿态出现。作为理念与行动上的先行者，英国占领了全球创意经济话语权的高地，创意经济的思想与其具体实现路径皆成为英国文化出口的内容。以霍金斯为代表的创意经济理论家将英国的创意理念推广到全球；以英国的大学为基地，英国的教育产业吸引并培养了全球大批有志于文化创意产业的年轻人；以咨询、设计、文化传播为主要内容的企业成为全球性的文化公司；而基于创意理论打造的英国旅游业更是吸引大批观光客……2011年，我国驻英使馆经商参处杨会军在署名发布的一份关于英国创意经济发展的调研报告中指出，英国的音乐产业、电视产业、设计、广告、出版、游戏、表演艺术等不仅领先全球，还使英国成为世界上重要的文化出口国。2018年3月，在由英国商业、能源与工业战略部和文化、媒体和体育部联合发布的一份部门意向书里对创意产业做出这样的描述："从哈利·波特到侠盗车手，从盛世长城到裁缝街，创意产业创造了920亿英镑的总附加值，200万个工作岗位，其增长速度是整体经济增长的2倍……创意产业的出口价值接近2倍于其在整体经济中所占份额。"[①]英国创意产业创造的出

---

① BEIS, DCMS. Creative industries: Sector deal(published 28 March 2018)[R/OL]. [2018-04-10]. https://www.gov.uk/government/publications/creative-industries-sector-deal/creative-industries-sector-deal-html#fn: 1.

口价值，很大比例上来自内容创意，它们构成了英国文化出口中的文化产品设计或服务价值链。由于英国在创意产业中的引领地位，它在全球文化产业价值链中地位也为世人瞩目。

另外，其他发达国家也因掌握文化产业某些领域的产品设计与开发的主导权，从而拥有了国际影响力。美国的影视娱乐产业、日本的动漫产业以及韩国的影视产业等也都是由文化产品的研发与设计主导的产业，它们在国际文化贸易中的地位表明其在全球文化产业价值链中取得了比较理想的份额。

和这些国家的文化出口相比，我国的文化出口在产品或服务的研发和设计环节表现出明显的劣势。核心类文化产品与服务的出口并没有取得实质性的突破，表现在数据上，影视、演艺、版权、图书等强调产品设计开发的内容类产品的出口并没有随着文化出口整体提升。一些在国内票房或收视率、口碑俱佳的影视产品海外市场的盈收甚至可以用“惨淡”二字来形容，演艺和图书还没有走出文化交流的框架，音乐类产品甚至见不到统计数据。占文化出口比重最大的工艺类产品以金银饰品为主，设计环节的价值也没有得到充分重视。另外，媒介载体、播放传播设备在文化出口中的占比比较大，但其中文化创意的含量低，即便在产品设计研发上拥有相对优势，也只能归于设备或材料出口上。

文化出口也是参与文化产业国际分工的过程，文化出口产品与服务的研发价值在国际文化产业价值链上的上端具有决定性意义。因此，推动我国文化出口的深入发展，必须提升产品与服务的设计、研究能力，弥补微笑曲线中的这部分缺环。

（二）文化出口产品加工制造价值

当前我国文化出口的快速增长得益于我国在加工制造业上形成的比较优势。加工制造业是改革开放后我国重点发展的产业，也是成就斐然的产业。由于在劳动力成本、地租、赋税等方面的比较优势，加之制度支持、观念开放，中国制造快速崛起。在许多领域，我国加工制造处于世界领先水平。这一优势也扩展到文化产业中占较大比重的设备制造、创意代工等领域。南方沿海开放城市如深圳、广州等地也凭借发达的加工制造业带动了文化产业的迅速发展。迄今为止，广东省文化产业的产值仍占据着全国首位，文化产品与服务出口也名列前茅，得益于这一地区在手工艺品、传媒与游戏设备加工方面形成的国际竞争优势。

然而，以设备制造、材料加工为主的文化产品加工业在文化产业价值链中所获取的利润并不理想。以对我国文化出口成绩贡献最大的黄金首饰加工行业为例，该行业对外加工性质比较明显，而加工与设计在整个成本中所占的比例较低。笔者曾就此咨询过深圳一位从事珠宝加工的专业人士，他举了一枚女款钻戒为例加以解释。这枚戒指中的成本价格构成大体分为四个部分：18K 黄金 3 克成本价 1 000 元，钻石 50 分（半克拉）成本 10 000 元，设计费和加工费分别只有 500 元。它的零售价格在国内和国外不一样，国内按成本价格的 1 到 3 倍进行零售（零售价格中包含了渠道、存储、推广等成本），国外经过汇率换算后的零售价格比国内价格高，最高可以做到成本价格的八九倍。如果把渠道、汇率等因素考虑进去，国内外零售价格差距就没有这么大了。这位专业人士特别说明，由于该行业涉及层面非常广，不同产品的成本构成也有差别，但是，整体行业中的成本结构大体如此。也就是说，加工与设计费用只占总成本的不到十分之一。按照这一比例推算，当前我国文化出口中占最大比例的黄金、珠宝首饰类产品的出厂价格仅比其原材料价格多了不足一成。也就是说，以价格为核算标准，这类产品出口所获得的总价值中，属于加工制作环节的只有不到十分之一。并且，产品一旦进入国际，成倍增加的利润俨然和加工制造环节没什么关系了。可以据此推断，我国文化出口的产品附加值并不高，和电子产品加工制造业类似，在国际文化产业价值链中，文化产品的加工制造环节位于微笑曲线的底部。

加工制造领域的文化产品所蕴含的附加值相对较低。一方面是国际文化产业分工造成的，另一方面也取决于其在文化产业中的具体作用。以符号形态表现出来的创意、内容是文化产品与服务的核心，加工制造环节并不是创造符号内容，它只是提供生产手段，制造符号载体，提供传播媒介。这些都是为创造、推广凝结了创意的内容类产品服务的。我国在文化产品的加工制造方面的比较优势，恰恰表明，我国的文化出口仍处于全球文化产业链末端，属于附加值比较低的领域，在国际文化出口贸易的市场竞争中，仍扮演着追随者的角色。

（三）文化产品出口渠道价值

文化出口的一部分价值依附于其渠道，是商品流通中创造的价值。商业活动中，渠道概念的定义是多样的。定义文化出口的渠道价值，则是从“生产与制造商的管理决策角度来观察问题”①，是把渠道看作文化产品或服务到达国际用户的通道。渠道之所以是文化出口价值构成的一部分，就在于渠道承担了“传递信息、促销、接洽、组配、谈判、物流、风险承担和融资等”②一系列功能。这些功能保证了出口文化产品与服务价值得以实现，其本身也是文化出口的价值构成的一部分，属于价值链中不可或缺的一部分。从渠道中获取的收益属于文化出口的渠道价值。渠道的价值不仅包括直接的渠道收益，还包括间接的流向市场的产品或服务的收

---

① 罗森布罗姆. 营销渠道管理[M]. 北京：机械工业出版社，2002：8.
② 柳彩莲. 营销渠道管理[M]. 上海：上海财经大学出版社，2016：8.

益。渠道的直接价值是以间接价值为前提,间接价值是直接价值的必要条件。

文化出口包含的文化产品与服务多种多样,针对性的出口渠道也表现出复杂的形态,如专业代理、转口贸易、产地直销等皆属于出口渠道。如果渠道通畅且多样化,可以直接反映出文化产品或服务在海外市场的良好表现。然而,渠道不畅一直制约着我国文化出口的发展。虽然不同种类的文化产品和服务进行出口贸易时采取的渠道各不相同,但是它们都面临渠道拓展的问题。

囿于历史的原因,在较长的时期内,我国致力于文化输出渠道的建设,但这种渠道只是文化交流意义上的渠道,而不是文化商品流动意义上的渠道。以电影为例,截止到 20 世纪 80 年代,我国的电影一直扮演着文化推广媒介的角色。改革开放后,一些有识之士才开始提出电影要以商业性的方式“走出去”。张骏祥在当时就谈到电影渠道的价值,他指出美国院线在电影放映上的统治力量,让当时具有世界影响力的日本电影都难以进入美国市场。[①] 从改革开放开始,以市场为导向去冲击海外市场的努力从来就没有停止过。近年一些华语影片在北美电影市场取得票房佳绩,在很大程度上得益于米拉麦克斯/韦恩斯坦国际影业的运作与发行,也就是寻找到了进入北美市场的合适渠道。[②] 然而,即便有 2012 年万达集团在利益驱动下,为了树立品牌形象,并购北美第二大院线集团 ACM 的举措,[③]我国电影海外渠道不畅的状况并没有得到根本的改变,诸如中国电影海外推广公司总经理周铁东在 2007 年谈及

---

① 张骏祥. 谈谈电影质量、电影文学、电影评论问题[J]. 文艺研究,1982(1): 13—19.

② 朱洋洋. 跨文化视野下韦恩斯坦兄弟的文本接受策略: 兼论其对中国电影海外推广的启示[J]. 当代电影,2014(8): 153—155.

③ 李娟. 万达: 并购 AMC 意在转型[J]. 中国品牌,2012(7): 60—61.

的没有充分利用国际电影市场平台的问题就依然存在。[①]

虽然国产电视剧向东南亚、非洲等地区的出口取得了一定进展，但是仍难以“进入欧美电视网和日韩主流电视台”。[②] 除了其他影响因素之外，渠道也是一个很难跨越的障碍。

核心文化产品中，图书出版业起步最早，也取得了显著的成绩。但是，根据上海外语教育出版社张宏的研究，我国出版依然未能打开海外主流营销渠道，反映中国内容的出版物很难到达国外读者手中。[③] 近年发展迅速的电子出版物在出口过程中遭遇渠道混乱的同时，还受到盗版猖獗的困扰，[④]并没有取得相应的渠道收益。

渠道不畅甚至会导致那些认同我国文化产品的国家和地区也见不到我国的文化产品。高五峰等人所做的一项海外调研表明：因渠道不畅，我国电影无法出口到有需要的国家和地区。[⑤]

渠道通畅则可以推动文化出口，收益明显。手工艺品、珠宝首饰类产品占文化出口比重比较大，明显得益于通畅的国际渠道。这类产品的主要流向地区是我国的香港地区和东南亚等国。香港的渠道功能在特殊的历史时期形成，大量的渠道商以香港为支点从事转口贸易，使香港成为我国手工艺品、首饰珠宝产品的主要流向地，同时它还是这些产品的流出地，由此销往欧美等国家和地区。大量华人华侨在东南亚等地居住、生活，他们不仅是我国出口

① 胡嵘. 海推公司：多渠道向世界推销中国电影[N]. 2008-01-17[2018-05-07].

② 张斌，莫茵. 从产品到资本：国产电视剧“走出去”的路径探索[J]. 中国电视，2016(11)：50—54.

③ 张宏. 中国出版走出去的话语权问题及对策[J]. 编辑学刊，2014(4)：6—11.

④ 徐建群. 我国电子出版物的出口现状及优化策略[J]. 对外经贸实务，2016(8)：87—89.

⑤ 高五峰，王木旺，魏颖，等. 电影播映新模式海外落地的调研与应用分析[J]. 现代电影技术，2018(3)：11—15.

文化产品的消费者，还是文化出口的渠道商。华人华侨建立的出口销售网络有力地推动了文化出口。

目前，我国政府正在积极努力推动文化出口渠道建设。图书版权方面，在海外开设书店；电视剧方面，开设网络播出平台；电影方面，购买院线，合作拍片。这一系列举措，正在取得令人关注的成绩。一些从事文化出口的企业为打通文化产品对外输出的渠道也做出了不懈的努力，它们在海外购买院线、剧场，开设线上书店和实体书店，开发在线视频平台，甚至在购买学校，在不同程度上打破了渠道垄断，为我国文化产品与服务进入海外文化消费市场做出了贡献。

整体而言，文化出口的渠道建设仍不够理想，无法适应当前我国文化出口的要求。一方面生产对消费的决定作用在文化出口的过程中并没有体现出来，我国目前文化产品的生产能力大幅提升，国内文化产品与服务丰富多样，文化消费也在不断升级，但是文化生产方面的繁荣在海外市场得不到相应的体现；另一方面，我国文化产品与服务在销售渠道方面缺少话语权，尚未掌握多数文化产品的出口定价权，文化产品与服务往往以低价策略进入海外市场，这与当前我国的文化出口规模不相称。随着我国文化出口贸易的发展，海外分销渠道及其控制对出口绩效的影响会越发明显。在较长的一段时间内，渠道价值仍然应该成为我国文化出口努力获取的目标。

（四）文化产品与服务的营销价值

文化出口得以实现，市场营销是必不可少的环节。广义的市场营销把渠道也包含在其中，这里将它和渠道分开讨论。一方面是前文所述以波特的价值链模型来分析我国文化出口的价值链，另一方面，也是为了强调我国的文化出口在这两个环节上存在缺陷。在菲利普·科特勒和凯文·莱恩·凯勒在其所著的经典教材《营销管理》中讲到，“市场营销关乎认可并满足人类与社会需要”，[①]它有助于推广新产品和升级产品，这些产品让人们生活得轻松自在，丰富多彩。成功的市场营销不仅可以创造产品需求和服务需求，还能够带来相应的工作机会。在创造市场价值的过程中，市场营销也让企业担负起更多的社会责任。[②] 之所以引述关于市场营销的经典表述，是因为它也适用于文化出口。文化产品或服务营销同样需要理解并认可国外用户的消费需求，需要从满足用户需求出发推广相应的文化产品和服务。文化出口则需要国际市场营销。文化产品与服务的国际营销意味着市场营销活动的范围超出了一个国家的范围，而跨越国家的边界给营销活动带来了更多的复杂性和多样性。[③] 它给国际文化市场营销带来更多困难与挑战，而这也意味着跨国的文化市场营销包含更多的市场价值。

遗憾的是当前我国的文化出口并未能在国际文化市场营销环节取得有利的地位，也就是说我国所出口的文化产品和服务并没有经过有效的营销活动，让国外的文化消费者认知、理解，自然也就难以在消费市场占据一席之地。诸如《英雄》等在海外取得一定票房成绩的国产文化产品，则是由当地的营销公司进行市场营销。营销收益归他人所有。

我们可以从另一个视角来看出口文化产品营销的价值，也就

---

① KOTLER P, KELLER K L. Marketing management[M]. 15th ed. Global edition. Boston: Pearson, 2016: 27.

② KOTLER P, KELLER K L. Marketing management[M]. 15th ed. Global edition. Boston: Pearson, 2016: 25.

③ Cateora Philip R. International marketing. 7th ed. New York: McGraw-Hill Education, 2016: 10.

是看营销价值的创造者，从事营销活动的人才需求情况。产品与开发端的许多研究者在分析文化出口亟待解决的问题时，都指出跨国文化贸易的营销人才问题。文化出口要求了解世界各地，尤其是文化产品与服务拟出口地区的文化消费情况、文化营销方式。这对人才提出了较高的要求，既要懂市场，又要清楚文化差异，还要掌握跨文化交流的本领。此类人才的培养需要文化浸润与滋养，市场的磨炼，在不同文化之间的思维并置与转换性理解。这样的人才有两个来源，一是在国外生活，且对国外文化消费有充分理解的本国人士；一是对中国文化产品与服务的价值比较了解的进口国的商业人士。第一类人才需要较长的周期才能成熟，第二类人才由于文化身份与利益驱动点的问题，很难将其作为志业来推动。尤其在我国文化产品内容的竞争力不足的情况下，这种情况就显得更为突出。

人才不足也是一个共性的问题。这里需要指出的是被许多分析忽略的一面，即人才本身就是文化出口的价值构成的一部分。我们在分析文化出口的问题时，必须充分考虑到人才的价值问题，而不只是关注缺乏推动事业进行的人才。换言之，将人视为价值本身，而不是文化出口的工具。

整体而言，我国文化出口发展到现在，已经进入全球文化产业价值链中，并占据相当重要的位置，除文化产品加工制造环节外，在产品研发与设计、出口渠道、市场营销等其他价值链环节上居于不利的地位。而产品研发与设计、出口渠道，以及市场营销都和跨文化交流关系密切。其中，产品设计与研究是其源头。在产品开发过程中，需要市场、销售、生产等环节加以支持与配合，使文化内容或文化符号表征到文化产品中。进入全球文化消费市场，仍是当前文化出口的一大难题。

第二节　作为文化符号的文化出口

从多个口径的统计数据(无论是联合国教科文数据研究院[UIS] 2013年的报告,还是2008年联合国贸发会议)看,我国的文化产品与服务出口已经连续数年位居世界首位。以贸易额为标准度量出的成绩令人振奋的同时,却并没有让国人满意。在普通人的观念中,我国的文化出口并不像统计数字所反映的那么乐观。当前许多年轻人的观念和普通民众对我国文化出口的感性认知就是,和世界上一些代表性的文化输出国相比,我国的文化出口仍处于非常落后的状态。问题在于,为什么会有这样的认识?

联系当前我国文化出口的实际情况,以及我国当前对国际社会的认识,不难理解普通民众对文化出口的感受。他们的感受和许多关注文化出口的学者的研究结论一致。我国文化出口在整体贸易上的成就无法掩盖在文化符号输出和文化内容产品出口方面的弱势。作为文化符号的我国文化出口,呈现出“三低”态势。这“三低”指的是:文化符号产品出口在整体文化出口中所占比例低,文化符号产品的国际接受度低,文化符号产品的国际影响力低。

一、文化符号产品占比

按照本文对文化的界定,把文化看作符号的系统表达。文化产品以及某些服务被视为符号与其承载媒介的综合体。文化产品就可以分为符号与承载符号的媒体,生产、传输符号的设备,以及生产符号载体或者符号附着物的其他物理性产品。而这些产品之所以被归于文化产品，就在于它们和文化符号关联在一起，是以符号为核心，服务于符号的生产与传播。

以符号为标准来划分文化产品与当前我国采用的文化产品与服务分类体系并不一致。在国家统计局于 2018 年 4 月 2 日颁布的《文化及相关产业分类(2018)》中，文化与相关产业被作为一个整体，指“为社会公众提供文化产品和文化相关产品的生活活动的集合”。它的范围包括：“以文化为核心内容，为直接满足人们的精神需要而进行的创作、制造、传播、展示等文化产品(包括货物和服务)的生产活动。具体包括新闻信息服务、内容创作生产、创意设计服务、文化传播渠道、文化投资运营和文化娱乐休闲服务等活动”和“为实现文化产品的生产活动所需的文化辅助生产和中介服务、文化装备生产和文化消费终端生产(包括制造和销售)等活动”[①]。这种统计方法的优点是将文化生产看作一个系统性的整体活动，也便于按照企业的生产经营活动进行统计和管理，可操作性强。加之国家统计局的分类标准借鉴了《2009 年联合国教科文组织文化统计框架》所采用的分类方法，也就方便和国际文化贸易统计数据进行对接。然而，这种统计标准下的文化产业分类体系的优点中包含了不利因素，那就是从整体的视角来看待文化的时候，不得不把文化及其相关活动合而为一。于是，文化的核心价值被淡化了。为了弥补这一不足，包括 UNESCO 统计模型在内的各种分类方式，不约而同将“核心”二字叠加到特定类型上，划分出“核心文化产业”“核心创意艺术”“核心版权产业”“核心文化领域内的产业”“核心创意层”。[②] 用“核心”来加以区分、强调的那些文

① 国家统计局. 文化及相关产业分类(2018)[M]. 北京：国家统计局，2018：3—4.

② 联合国教科文组织，联合国开发计划署. 创意经济报告 2013：拓展本土发展途径[M]. 北京：社会科学文献出版社，2014：3—5.

化事项正是符号性强的文化形态。

无论理论分析，还是创作生产实践，符号都比文化更为具体，也显示出更为复杂的特征，当前很难以它为统计或管理对象。然而，在分析文化出口的过程中，完全可以在思维与认知层面，将符号性产品与服务划分出来，加以分析，从而清晰地确定文化出口的真实状态。之所以强调从符号的层面来界定文化出口中的文化，不仅是因为存在着一种输入再出口的现象，还因为文化出口的文化概念在泛化之后，失去了应有的含义。前者是对国外文化符号的加工，比如许多出口的工艺品完全是欧美、中亚等地区的文化饰品或文化礼品，很难将之视为我国文化的出口。后者指为实现文化产品的生产活动所需的文化辅助生产和中介服务、文化装备生产和文化消费终端生产（包括制造和销售）等活动，它们虽然与文化出口直接相关，却没有文化附着其上。一旦用符号来考核这些产品，可以清晰表明文化出口中的关键要素。

文化符号产品往往以符号复合体的形式出现，它表现为栖居于特定媒介的各类符号的集合。书刊以文字为符号，音乐则以声音为符号，戏剧在其前两者基础上增加表情符号、肢体符号，影视作品则加上场景、特效等符号……优秀的文化产品总是在综合多种多样符号的基础上，创造出崭新的符号或符号系统。综合创新只是一种理想的状态，更多情况下，类似于各种不同符号的拼贴。在以拼贴的方式形成的作品中，分离出中国文化特色的符号，并核算它的经济或文化收益，是一大难题。就消费者接受而言，消费文化产品，接受其中文化符号的过程往往混杂了认知、情感甚至意志的复杂体验。从生产制作者的角度来看，某些情况下的确可以控制文化符号的来源和类型，并从预算的角度进行独立核算，如影视作品中的风景、人物形象、故事，乃至文化观念等。但是，当前的统计水平还没有达到这一地步。因此,这里提出文化符号产品占比的问题,只是一种性质上的判断,而非一种量化分析。

当以符号性来划分文化产品或服务时,我国文化出口就呈现出另一幅图景。在不断攀升的文化产品和服务出口成绩单中,文化符号类的产品所占比例并不理想。对这一现象的常见表述方式是文化出口在结构上不平衡,我国文化出口"在内容与版权方面的输出长期疲弱,贸易逆差甚至有加大的趋势"。[①] 根本原因就在于我们的符号输出没有和文化出口的整体成绩一起增长。

二、文化符号产品国际接受度

文化符号产品在文化出口中所占比重较低,在一定程度上折射出我国文化产品国际接受度不高的现实。

首先要区别国际社会对中国文化的接受度和国际消费者对我国文化符号类产品的接受度。随着我国经济实力的提升,在国际舞台中发挥的作用越来越重要,国际社会对中国文化的重视程度也相应提升。同时,我国政府在推动文化交流,提升我国文化的国际影响力方面做出不懈努力,世界各国人民对中国文化的接受度在不断提升。

一方面,对外文化交流活动受到越来越多国家和地区人们的欢迎,近年来,孔子学院、海外中国文化中心[②]等文化推广机构在世界各地接连建立。尽管有不同的声音,但和大于异。这些机构以及我国政府以及其他各种机构组织的对外文化交流活动越来越

① 魏鹏举,戴俊骋,魏西笑. 中国文化贸易的结构、问题与建议[J]. 山东社会科学. 2017,(10):55—60.

② 马逸珂. 海外中国文化中心:布局全球,传播中华文化[N],中国文化报,2018-01-31(1)[2018-05-10].

丰富多彩，不断提升了我国文化的国际影响力。另一方面，大批外籍人士开始学习中国文化，到我国留学的外国留学生的规模不断增长。据教育部统计，2017 年共有来自 204 个国家和地区的 48.92 万名各类外国留学生来我国学习，尤其是韩国、美国、日本等发达国家位居来华留学生源国的前十位。[①] 中国文化的影响力正以不可遏制的趋势向前发展。

需要注意的是我国文化受欢迎的背后是经济利益的推动和考量。作为世界第二大经济体，中国成为世界上最具吸引力的国度之一。世界各国的人们急欲了解中国文化，驱动力是从这一经济体中获利的期望，并不一定出于对异文化的喜爱。

同时也要看到，文化活动不等于文化产品，中国文化不等于中国出口的文化产品与服务，而我国出口的文化产品也不等于文化符号类产品。文化符号类产品在我国文化出口中占比不高，也意味着我国的文化符号产品国际接受度亟待提升。关世杰在 2016 年所做的一项调查研究表明，美国民众对中国传统文化符号的喜爱程度有了大幅提升。但是，美国民众对中国传统文化符号的喜爱程度和这些符号在美国的知名度之间还存在着明显的差距。[②] 由于喜爱程度和接受度之间存在着正相关性，也就是说中国文化符号的知名度和接受度之间还存在着差异。并且，除了中国高铁、北京大学、清华大学外，这份研究所列举的文化符号基本属于中国传统文化符号，其中缺少创新性的中国文化符号。加之，我国传统

① 中华人民共和国教育部. 规模持续扩大，生源结构不断优化，吸引力不断增强——来华留学工作向高层次高质量发展[EB/OL]. 教育部政府门户网站. 2018-03-30[2018-04-01]. http://www.moe.gov.cn/jyb_xwfb/gzdt_gzdt/s5987/201803/t20180329_331772.html.

② 关世杰. 五年间美国民众对中国文化符号喜爱度大幅提升：中华文化国际影响力问卷调查之一[J]. 对外传播，2018(2)：40—43.

文化符号资源转化为符号产品的成功案例并不多。我国文化符号产品的国际接受度也就成为亟待解决的问题。

一些媒体报道在国外广受好评的文化演出、文化活动要么是采用“送出去”的方式,要么由当地华人买单。也就是说大批跨文化观众并非抱着欣赏的态度,采取消费的方式去接近我国出口的内容类文化产品。从消费的角度来看待文化出口,提升我国文化产品国际接受度也就是提升文化产品国际占有率的问题,而这也取决于我国出口的文化符号产品的国际影响力。

三、文化符号产品的国际影响力

从历时的角度看,我国文化的国际影响在扩大,文化符号产品的国际影响力也在不断提升。但是,和我国经济实力的快速增长,国际政治地位的提升相比,文化符号产品的国际影响力仍处于起步阶段。

首先,从门类上看,我国还没有一种文化符号产品在国际文化场占据领导者的地位。文学、影视、音乐、表演、戏剧等以文化内容为核心,以创造、传播独特文化符号为目的的文化产品难以走进国际文化消费市场,尤其是以非华人消费者构成的消费市场。反观其他在文化出口方面具有国际影响力的国家和地区,均在某一门类上拥有相对稳定的、达到一定规模的国际文化消费市场。韩国的影视、日本的动漫及二次元文化都在世界文化市场显现出明显的影响力,美国的电影、娱乐、体育一直是全球追随的对象。英国则在创意产业领域发挥着旗帜性的作用。近几年,印度的电影也开始大力向外输出,并受到世界消费市场的肯定。在与这些符号类产品一起竞争国际消费市场时,我国的文化出口处于追赶者的地位。

其次，我国尚未创造出具有国际影响力的文化符号。美国的漫威英雄、迪士尼的动画人物，日本的漫画角色，对世界文化消费者具有持久的吸引力。韩国的影视明星和其塑造的人物形象对我国文化消费具有相当大的影响力。这些文化符号要么代表了时代的潮流，要么具有强大的国际影响力，成为全球性的流行文化现象。我国创造的内容类产品目前只在国内具有绝对的影响力。一些在国内广受好评，市场表现不俗的影视作品，进入其他国家或地区后，反响平平，甚至乏人问津。更不要说剧中的人物形象了。目前，美国对中国电影的认识仍停留在以李小龙为代表的武侠片阶段，其他人物形象在全球文化消费市场中尚无一席之地。

最后，我国的文化符号类产品在全球缺乏稳定的消费群体。与其他类型的消费相比，文化消费具有鲜明的特殊性，它带有粉丝经济的部分特征。文化消费者对所购买的文化符号产品怀有较浓厚的情感取向，其消费意愿和对文化符号的认同感密不可分。当前，我国有大量喜欢国外文化的消费者。对青少年喜爱、消费异国文化现象的刻板理解，导致忽视了那些文化符号中蕴藏的强大吸引力。如果深入分析、探索其影响力的来源，理解消费者的深层心理，应该可以为开发针对海外消费者的文化符号产品提供借鉴。国外缺少中国文化的粉丝，既是我国文化符号产品出口整体乏力的突出表现，也表明我国文化出口在培育市场，维持稳定消费群体方面需要做出努力。如何创造出文化他者真心喜欢的文化产品和服务应该是文化出口面临的最大挑战，而不遗余力地以附着的文化产品与服务中的文化符号为媒介，在国际社会培育并扩大中国文化粉丝的数量，进而形成稳定的文化符号产品消费群体，让文化出口进入良性的发展轨道，我国文化符号产品才可能拥有持久的国际影响力。

正如联合国教科文组织统计所莉迪亚·德洛莫所言,“衡量文化影响大小的一个指标是文化参与程度”[1]。就文化产品与服务而言,文化参与度就是它们传递的文化符号在当地人们生活中所占的分量,是否给消费者带去欢乐、信念与思考,是否创造了足以丰富人们精神世界的财富。我国文化出口的主要内容为手工艺品,它们承载的符号类内容有限,也就很难在进口国家或地区拥有较高的文化参与度。

① 吴云.我们的文化产品,比想象中走得远[N].人民日报,2016-05-11(12).

第四章　文化出口的认同壁垒

文化出口是对外贸易的一部分，是由一系列和出口交易相关的活动或行为组成的商务过程。影响这一过程顺利完成的因素是多方面的。贸易壁垒是最常见的一种。根据目前国际通行的理解，贸易壁垒是政府间的行为，是政府以行政法规手段调节进出口贸易的一种方式。我国商务部2005年颁布的《对外贸易壁垒调查规则》中，贸易壁垒被定义为“外国（地区）政府采取或者支持的措施或者做法……违反该国（地区）与我国共同缔结或者共同参加的经济贸易条约或者协定，或者未能履行与我国共同缔结或者共同参加的经济贸易条约或者协定的义务；”并且，阻碍“我国产品或者服务”进入其市场，或损害“我国产品或者服务”在这一市场的竞争力。[①] 贸易壁垒的表现形式可以分为关税和非关税壁垒，其形成与解除的主体均为跨国（地区）贸易中的政府。关税一度是政府调控进出口贸易的主要手段，随着全球国际贸易的深入发展，贸易壁垒的形式也呈现出复杂的特征。技术壁垒、环境壁垒等非关税壁垒越来越成为各国或地区（尤其是发达国家）的政府调控进出口贸易的有力手段。

---

① 中华人民共和国商务部.对外贸易壁垒调查规则[EB/OL]. 2005－03－10[2017－09－23]http://file.mofcom.gov.cn/article/gkml/200804/20080496312268.shtml.

无论关税壁垒，还是非关税壁垒，其行为主体都由特定的实体机构、政府或相关组织构成，这些实体落实贸易壁垒的手段也均存在特定的形式。这些形式指向的对象是一般的商品。

就文化出口而言，除了有形的贸易壁垒外，还存在着一种隐形的、不易察觉的壁垒，就是认同壁垒。这种贸易壁垒的形成与消除在很大程度上不是一种政府行为，而是表现为一种市场行为，是文化消费者对输入本国（或地区）的文化产品与服务采取拒绝或排斥的态度，其根源则在于文化上的非认同感。出口活动中一旦出现认同壁垒，文化产品和服务不仅难以接近消费者，还会遭到排斥和批评，甚至影响到文化出口的整体形象。

文化分广义与狭义，文化产品与服务中的文化则包罗了人类创造的各种文化现象，因此，文化出口中认同壁垒的表现也比较复杂。其中，意识形态壁垒、宗教壁垒、文化壁垒是三种主要的认同壁垒。

本章具体阐述认同的含义及其理论演变及当前的学术应用，以对认同现象的认识入手分析认同在现代社会中的作用和影响，最后集中分析文化出口出现的三种主要认同壁垒。

第一节　文化的自我认同性

这里我们遵循一个基本的前提：人是文化的创造者；文化是人的条件。因此，文化与人之间具有相互依存性。文化又具有地方性，总是当地人的文化。与之相应，人也在特定的文化环境中濡化为该文化的人。文化交流过程中相异文化的碰撞与融合总归是由特定的人来完成的。这些人在文化交流中体验到文化的冲突与契合。这种冲突与契合的背后是人对自我身份的获取与确认。就此意义而言,文化具有自我认同性。

一、从自我认同到社会认同

随着科技的不断进步,物质与精神层面的交往在频率与深度上都发生了深刻的变化,借助交流、对话实现相互认同与理解成为时代的潮流。全球化既是这股潮流的动力,也是它的突出表现。随着全球化的深入发展,人类逐渐由单纯的区域性文化生存走向全球性文化生存。从物质生活资料来看,人们对其他地区所提供的产品和服务的依存度越来越高;就精神消费而言,世界各地的文化通过影视、互联网等渠道展示在人们的面前。一个人即便生活在乡村,即便足不出户,也很难阻挡来自远方,甚至异国的物质和精神消费品走进自己的生活。经济层面的全球化推动了世界市场一体化进程。虽然受到地域、政治、文化等多种因素的阻碍,这一进度却并没有放慢脚步。它踏过之处,当地人的生活随之改变,改变的结果是和其他地区人的生活产生越来越紧密的联系。这种联系却激发出另一种趋势,即人们对自我价值、传统文化不断消逝的担忧,保持地方性文化的根性与重塑个体文化身份的努力同时进行。全球化在扫荡地球上的各个角落的时候,也让这些角落里生活的人们呈现在世界面前,尤其是这些人意识到自己的存在,追求并确证自己在世界民族之林中的身份与地位的努力就此展开。

寻找自我与谋求他者认同的努力交织在一起渗透到跨文化交流的各个层面。文化出口既是一种跨国贸易,也是以文化产品与服务为中介实现的跨文化交流现象,对认同的认知与理解影响到文化出口的成功与否。以认同为视角分析文化出口时,首先需要厘清它的含义。

《现代汉语大词典》对"认同"词条的解释有两条：(1) 犹言承认是同一的；(2) 认可，赞同。这两条解释基本概括了现在人们使用它时所表达的意思。但是，"认同"并不是一个传统的汉语词汇，在古代汉语中很难觅到它的踪迹。和许多现代汉语中的词汇一样，它来自对外来思想观念的译介，是对英语"identity"一词的翻译。在西方语境中，"identity"一词或可追溯至拉丁语，拉丁语中的"idem"就有"the same, the self, the identity"的意思，它又是"idem et idem"的缩写，英语意思为"same and same"，有点反身自指的意味。有段时间，国内学术界曾把"identity"译为"自反"，也的确有其语义上的根据。拉丁语中的"idem"和今天使用的"认同"一词含义非常接近。赵汀阳在讨论"认同与文化自身认同"的问题时，从哲学的角度分析"identity"的由来，将"identity"归于古典哲学中的"同一性"，逻辑学中的同一律。[①] 把认同放在认识论的框架内来理解，增加了它的抽象性的同时，也扩展了它的外延，使之延伸到其他人文社会领域。因为"同一性"或"同一律"是人们认知世界时的不可或缺的范畴，源自它们的认同也就具备了普遍性。这种普遍性可以从当前不同学科对"认同"概念的普遍使用得到验证。

实际上，由于"identity"一词包含有连接心物两端、主客两体的作用，因此现代西方哲学界对"identity"的讨论非常广泛和深入。1963 年，唐纳德·古斯塔夫森(Don F. Gustafson)就写文章回应杰罗姆·谢弗(Jerome Shaffer)对 IDT(identity theory)的批评。谢弗认为精神状态和大脑活动之间并不一致，因为前者不像后者那样发生在特定的时空中。古斯塔夫森回应道，"identity"并

① 赵汀阳. 认同与文化自身认同[J]. 哲学研究，2003(7)：16—22.

不是要求抽象的精神和具体的身体分别具备形而上的时空条件，它只是对陈述内容与陈述对象之间存在一致性的一种描述，因此是一种可行且理性的科学理论。[①] 斯坦利·芒萨特（Stanley Munsat）又从逻辑类型的角度讨论过这一问题。[②] 从哲学、逻辑学意义上对“identity”的讨论非常多。但它们和本课题研究所采用的“认同”的含义距离较远，所以，这里就不详加讨论。

学术史表明，“认同”一词盛行于当代的人文社会科学的诸多领域，并非源于对古典哲学或逻辑学的自觉延续（当然也不是违反），而是得益于现代心理学的贡献。

现代心理学的研究者们大概从哲学领域借用了“认同”这个概念，以它为工具，去分析各种心理问题。最早使用“认同”一词，并赋予其心理学内涵的学者可能是弗洛伊德。在 1922 年出版的《群体心理学与自我分析》中，弗洛伊德认为：“认同作用（identification）是精神分析已知的与另一个人情感联系的最早表现形式。”它促使人在幼儿时期把父母当作典型，并与其中的一方产生同一感，进而在精神层面直接介入父母既已形成的关系结构中，幻想取代父亲或母亲的地位。这也就是俄狄浦斯情结和厄勒克特拉情结产生的原因。弗洛伊德还进一步推测：“群体成员之间的相互联系就属于这类认同作用的性质——以重要的情感共同性质为基础。”[③]弗洛伊德将心里驱动力完全归结于力比多的作用，完全无视社会对人心理的影响，甚至反过来用性本能来解释具有社会特征的群体成员之间的认同作用。这一理论显然有其明显的缺陷。由于弗洛伊德

① Don F G. On the identity theory[J]. Analysis, 1963, 24(2): 30—32.

② Munsat S. Logical types and the identity theory: a reply [J]. Philosophy and Phenomenological Research, 1972, 32(4): 565—568.

③ 弗洛伊德. 群体心理学与自我分析[M]//车文博. 弗洛伊德文集：第 6 卷. 长春：长春出版社，2004：79.

的理论曾产生过巨大的社会影响，其后的心理学界对“认同”的高度关注，很可能直接或间接受到他的影响。

20 世纪二三十年代席卷资本主义世界的精神危机深刻地影响到人们对心理的看法，用性驱力解释一切的弗洛伊德式精神分析学受到批判和抛弃，在新精神分析学的修正下，社会、文化、人际关系等因素被看作精神病症的主要成因。“精神分析者抛弃力比多学说和升华理论，把心理常模解释为个人对社会环境的适应，而把社会同一性（或社会统合）（social identity）的任何破坏解释为病态。”[①]这里的社会同一性、社会统合也就是今天所讲的社会认同。20 世纪 50 年代，新精神学派之一美国心理学家艾里克·艾里克森（Erk Homburger Erkson）创造了“认同危机”（identity crisis）一词，用以描述无法适应环境，无法实现社会认同的精神状态。艾里克森在使用“认同”一词时，包含了复杂的含义，它既包括了来自弗洛伊德的自我-超我模式中的内在个体人格的发展，也包含了来自社会参与、文化规范内化、不同身份获取、各种角色扮演的自我意识。[②] 正因为艾里克森赋予认同一词更为复杂的内涵，他的后期研究也“超出了精神分析的临床范畴，与习性学、历史、政治、哲学和神学联系在一起，‘认同危机’也成为社会科学各个领域共享的理论词汇”[③]。

然而，一些当代心理学家在追溯认同理论的发生史时，并没有把创建认同理论的荣誉授予弗洛伊德，甚至也没有归于艾里克森，而是把它归功于另一位心理学家乔治·赫伯特·米德。米德是

---

① 车文博. 西方心理学史[M]. 杭州：浙江教育出版社，1998：487.

② Gleason P. Identifying identity：a semantic history[J]. The Journal of American History，1983，69(4)：910—931.

③ 曹卫东. 从“认同”到“承认”[J]. 人文杂志，2008(1)：42—48.

20世纪初美国实用主义哲学家。虽然他自称是社会行为主义者，却被公认为“符号互动主义(Symbolic Interactionism)”或“符号互动论”的奠基者。米德的思想影响深远，他的许多观点借由学生笔记整理而成的《心灵、自我与社会》一书广为传播，并被越来越多的人接受。在这部著作中，米德想要解决的核心问题是自我形成的原因与机制。他的思路不仅和弗洛伊德相异，也不同于休谟。对他来说，把人的认同归到生物性上是走错了方向，而内省的、主观主义的自我概念是一种纯粹的臆想。也就是说，休谟的“我思故我在”与弗洛伊德的力比多都没有正确把握人自我形成的原因。米德认为，自我是个体通过社会性符号与社会进行互动的过程中产生的，他从行为入手，将符号作为生物个体转变为社会个人的桥梁，借助符号，个体与社会之间实现交流，形成真正的自我感，从而完成社会对人的规训。在符号互动主义那里，人被看作是行动者，而非单纯的反应者，这一假设被其后的(Identity Theory)认同理论接受，人的选择与角色意识被引入“认同”之中。[①] 在米德看来，与社会、他人之间的交互活动，共享的符号系统是解决自我概念的重要维度。这两种维度搭建起心理学分析其他概念的框架。从米德提供的分析框架出发，心理学可以很自然地走向其他各种与“认同”相关的研究。米德开创的符号互动理论也就成为许多学者探讨认同问题的基础。

米德之后，赫伯特·布卢默提出“符号互动论”这一术语。他在自己提倡的社会学共同体要向米德学习的口号下，一方面追随米德的“自我”“互动”等观念，一方面背离了米德的社会行为主义，添加了自己的理解。一是社会的维度，布卢默认为人们不断重复

① Edgar F. Borgatta and Rhonda J. V. Montgomery. Encyclopedia of sociology[M]. 2nd ed. Volume 2. Macmillan Reference USA，2000：1253.

地相互界定对方的行为是生活本身，界定的依据则是已确立的社会图式；二是人又是根据他对环境的赋义来采取行动的；三人社会性事件（社会组织）是联合行动（这应该源自米德的共同规范）。[①]从布卢默对米德的发展来看，他已经把米德的思想从心理学带进了社会学。在布卢默大力推广下，米德及“符号互动主义”在学术界的名声日响，形成了一个影响深远的“符号互动学派”。“符号互动论”在社会心理学领域取得的成功及其后来产生的巨大的影响，推动了人们对“认同”问题的深入探讨，不同学科的学者开始借助这一概念工具探讨各自的问题。

由艾里克森，精神分析学中的认同概念进入社会学领域，由布卢默，行为主义心理学或者符号互动主义提供的理解认同的框架进入社会学领域。泰弗尔（Tajfel）第一个向人们介绍了社会认同这一概念，他把社会认同看作是“个人因为拥有特定群体成员共享的情感和价值，而把自己归属于这一群体的认知”[②]。按照这样的概念，社会认同就是一种个人对自己社会属性的归类。以后的社会学者接受了这样的概念，简·斯戴兹（Jan E. Stets）和彼得·J.伯克（Peter J. Burke）用类似的语言表达转述了这一概念，他们把社会认同看作一个人对他或她属于某一社会类型或社会群体的认识，一个社会群体就是拥有相同社会身份或者自视为同一类型的个体的集合。根据这样的理解，他们认为在形成社会认同时，有两个重要的方面卷入其中，就是自我归类和社会比较，前者为了认

---

① 帕特里克·贝尔特. 二十世纪的社会理论[M]. 瞿铁鹏，译. 上海：上海译文出版社，2005：73—75.

② Hogg M A, Terry D J. Social identity and self-categorization processes in organizational contexts[J]. The Academy of Management Review, 2000, 25(1): 121—140.

"同",形成归属,后者为了别"异",强化自我身份。[①] 在社会认同理论视野下,认同和身份联系在一起,形成了复杂的社会认同网络。

二、社会认同的种类

生活在各种社会中的个体拥有不同的职业或身份,对这些身份的自我确认就是社会学意义上的认同。它包括的种类非常多。职业、性别、年纪、爱好……,只要能够确定个体与他人之间的相异度,让个体感知到自己存在的因素都成为认同的要素。这些达成各种"认同"的要素的影响延伸到社会及生活的不同层面,日常生活中的消费也不例外。出口的文化商品及文化服务也会在不同情境下与这些因素遭遇,这些因素很可能成为制约文化消费的标准。这里我们列举几个相对常见的社会学意义上的"认同"并稍加讨论,以便对社会认同形成更为清晰的认识。

首先是性别认同。在人们区分生理意义上的性与文化意义上的性之前,性别认同就已经存在。古代文献中对异装癖的记载表明已经有人开始没按社会的要求认同自己的性别身份。现代社会开始尊重文化的选择,也尊重个人的性别选择。性别认同才成为一个引人注意的问题。性别认同中重要的不是那些性倒错者对自己性别的认同,而是人在发展过程中对自我性别的认识与确认。正是由于这一原因,不同国家和地区对社会性别的界定存在着不同的标准。受传统及惯例的影响,生活在不同文化中的人们对自己的性别有不同的认知,这些认知决定人们展示自己性别属性的

---

① Stets J E, Burke P J. Identity theory and social identity theory[J]. Social Psychology Quarterly, 2000, 63(3): 224—237.

内容及方式，也决定着人们对性别属性表现的心理预期。符合社会预期的表现比较容易取得人们的认可，反之，则受到压制。

其次是职业认同。从事不同职业的人对自己所从事的职业有认同感，并将之视为自己的一部分。对自己职业的认同，也就是共享对从事该职业的所有成员共同拥有的价值观和职业情感。一个人对自己的职业认同度越高，则越容易投入自己所从事的工作，获得相应的成就，从而强化自己的职业自豪感与认同感。不同职业的社会作用与社会地位虽然存在着一定的共性，但是也会随着时间、地区、文化的不同而各不相同，职业认同感也随之变化。

宗教认同是另一种社会认同现象。由于组织是宗教的要素之一，加之任何宗教都有相应的教义以及教职人员来维护宗教组织的完整及扩展，因此，宗教认同是表现比较强烈的一种社会认同现象。由于宗教直接作用于人的精神层面，对它的认同感要强于一般性的社会认同。

再次有家庭认同、学校认同、各种组织的认同。家庭成员因共同的家庭归属而产生认同感。现代社会家庭认同感虽然逐渐减弱，但它还是一种强烈的社会联结纽带。学校认同是因在同一学校读书而产生的认同感，校友会就是对学校认同的最佳利用。其他各种社团、组织的成员也对自己的归属具有认同感。这些社团或组织的纲领、组织机构就是认同感产生的源头和保证。

需要注意的是不具备有形组织的认同现象。当一定的社会成员拥有相同或相近的价值观，也会彼此认同。虚拟世界中这种现象可以看得非常清楚，一些网民因对某些现象的看法相同而自觉自愿地相互关注，组成不具备组织形式的组织，由特定的网络路径联系在一起，形成一个特定的网络。现实中，没有形成这样的网络的人之间，也存在着这样的认同现象。一些艺术品爱好者会认同彼此的艺术品位、艺术观。青少年中崇拜同一偶像的粉丝们、喜欢同一种漫画的漫画迷、热爱同一款游戏的游戏迷,其实都具有特定认同,只是这种认同是一种窄化的认同,是由对特定对象的情感组织在一起的。正是由于它是一种窄化的认同,对应小众化的消费,是消费特定文化产品的主体,我们需要对这种类型的社会认同多加研究。

而政治认同则是处于组织归属和价值归属之间的认同。一方面,政治理念虽然具有一定的抽象性,它所反映的却是不同政治群体的经济利益和政治权力,这是政治认同的现实基础;另一方面,现代社会中,各种类型的政党、政治群体成为社会组织的常态化存在,将自己认作这些组织中的一员,是政治认同的实现形式。因此,政治认同涉及认同的两个方面,一般意义上的政治行为和与政治相关的心理活动。根据利奥妮·哈迪(Leonie Huddy)的研究,当前的政治认同研究大致分为三个方面:一是国家认同、爱国主义和文化多元性引起的认同;二是强烈的族群认同或种族认同对国家认同的削弱以及由此激发的外部压制和群体的内部冲突;三是政治认同性质的研究,包括对主要政党认同或者采用政治口号作为自我描述话语的研究。①

三、文化认同与文化自我的确认

社会认同一般发生于"社会"的内部,是特定社会成员对其社会内身份的认知。当两个不同的社会成员相遇时,发生的认同现象则属于民族学或者称之为人类学意义上的认同。在有关政治认同的研究中已经涉及这样的研究,国家内部民族身份与国家身份

① Huddy L. From social to political identity: a critical examination of social identity theory[J]. Political Psychology. 2001, 22(1): 127—156.

的冲突与解决在很大程度上涉及民族认同。由于文化出口多是在不同的国家、不同的民族之间进行，因此，民族认同以及相关的文化认同应该是从事文化出口重点研究的内容。

认同理论与人类学研究似乎有着先天的联系。人类学的初衷是描述、认知、理解族群与文化上的“他者”，描述“他者”的基本要求就是对所调查的对象进行全景式的记录。这些记录早期是以旅行家的游记、冒险家的日志、传教者的日记、书信等形式呈现在人们的面前。人类学学科化，或者说科学化以后，早期随意、主观的记录方式被所谓客观的“民族志”取代，“不介入”地参与式观察以及观察的记录是人类学最基本的研究方法。运用这一方法进行研究的成果就是记录“他者”文化的民族志。一部部民族志的背后隐藏着在场的观察者，这些观察者在将其观察对象假定为“他者”的时候，隐藏了自己的身份，隐藏着对“我”的认同。我—他—你，人类学家—研究对象—民族志文本的读者，构成了人类学的基本交流框架。在区别我与他的时候，认同意识的无意识参与不言而喻。

人类学范畴的认同不是社会学意义上的个人身份的建构，而是人类学意义上的文化身份的区分。当然，这种区分包含着多种因素。它既有生物性的人种判定，也有民族意义上的族属划分。今天纯粹从生物学角度对人种进行划分的原则受到了严厉的批评。当代人类基因学的研究成果告诉我们，以毛发、肤色等生理性因素来划分种族的方法只是一种带有种族偏见的臆想，今天任何人的体貌特征都是同一基因分化、突变、重组的结果，“人人都有血缘关系，但人人都不同，这就是人类”[①]。因此，民族的划分更多的是一种文化意义上的区分，也就是说“他者”之所以为“他者”仅仅

① 史蒂夫·奥尔森. 人类基因的历史地图[M]. 霍达文，译. 北京：生活·读书·新知三联书店，2008：27.

在于他们拥有和研究者相异的文化。于是，在确认“他者”之前，所隐含的对“自我”的假定，是文化中心主义的不自觉流露，就是一种文化上的自恋。对“他者”的认定过程也就变为对自己文化的“认同”过程。

人类学在界定自己的研究对象“他者”时，隐藏了对“文化自我”的假定，却又预设了这种假定的结果，将“人类”客观化。不仅以第三人称出现的“他者”一词本身含有远离自我、远离价值判断的含义；它所倡导的民族志一直以标榜“旁观者”描绘的面目出现的。这无形中增强了它的“客观性”与“科学性”。正是这种自我假定、自我标榜的“客观性”遮蔽了人类学背后的我族中心主义、大国政治野心以及虚假的超越意识。一个人类学家认同了自己的职业身份，往往也就认同了这些学科假定。而这些学科假定常常与政治、宗教，乃至文化观念交织在一起。于是，人类学意义上的认同就与国族认同、民族认同、族群认同建立起亲密的关系。

正是由于包含有“承认是同一的”这层意思，英语中的认同一词，即“identity”还包含有“身份”的含义。这为理解“认同”带来了麻烦。我国文化传统主要从社会角色的角度对身份进行界定，强调一个人属于社会的哪一“部分”，并按照这一部分的惯例安排自己的行为。英语或西方的“identity”不仅包含有社会规定的含义，还有自我认定、自“身”同一的部分。与我国传统的“身份”的含义比较一致的是“role”，也就是个体在社会中扮演的角色。西方的社会学者也认为两者之间存在着交叉的关系，尤其在米德的符号互动理论影响下，人们认为：自我认同、个体身份与社会角色三者之间有着内在的联系。

除心理学、社会学以外，精神分析、社会心理学、人类学、政治学、历史学、管理学等不同学科领域的学者都曾借助“认同”

(identity)这一概念框架来研究各自领域出现的现象,以至于它成为一个社会学科的"万能"词汇。这里的简单回顾并不是为了描述认同理论的完整形貌,而是为了厘清认同理论的复杂内涵。为了帮助人们更好地认识这一理论框架,谢尔顿和伯克将认同的复杂内涵加以分类,他们认为,当前人文社会科学诸领域对认同的用法大致可以归纳为三种:一是文化认同,指人们对族群身份、民族身份的认同;二是社会认同,指人们对群体身份、社会身份的认同;三是自我认同,指个体对自己在多样化的现代社会中对自己扮演角色的心理认同。[①] 这三种"认同"揭示出现代人与文化、社会、自我之间的三种关系,它表明构成现代人的三个层次:文化、社会和个体,人也因此拥有了三种属性:文化属性、社会属性和个体属性,并形成了三种心理需求:文化归属感、社会归属感、自我归属感。

文化出口主要涉及跨文化交流,也就是向不同于我们的族群、民族(国族)输出文化,它所影响或受它影响的主要是他者的文化认同。因此,本研究中的认同机制主要是从人类学和民族学角度出发的文化认同。在发展过程中,认同理论不断扩张,汲取了各种视角的不同理解,它本身又具有极大的包容性。研究文化出口,应该重点借鉴人类学领域对认同的理解,同时又包含了心理学、社会学、政治学等不同学科中的概念取向。

第二节　对外文化贸易和文化认同

认同理论发轫于西方学术界,经过近百年的发展,扩散到多个

---

① Sheldon S, Burke P J. The past, present, and future of an identity theory[J]. Social Psychology Quarterly, 2000, 63(4): 284—297.

学术领域，影响到人文社会科学中诸学科的发展。精神分析学用它来研究自我意识、性别认同、性格认同等与个人身心发展相关的问题；心理学研究个体如何与社会之间互动以形成自我的人格，政治学研究民族国家观念、政治群体形成等不同政治层次的问题；社会学则关注人的身份认同、职业认同、亚文化认同，乃至国族认同等复杂多样的问题；人类学关心族群认同、文化认同；历史学则从宏观的历史变迁的视野中考察认同问题；传播学则目光集中在跨文化交流、代际交流中的认同问题。在认同问题上，各个学科并没有孤军奋战，而是不断借助其他学科的理念、方法和成果推进自己的研究。正是这种研究历程，让“认同”一词的内涵拓展到不同领域，越来越多地融合不同学科的研究。由于这一概念为多学科提供了研究视野和理论框架，在国外的许多学者眼中，它已经作为一种有效的概念框架，可用之来分析、解决各种问题。①

一、传播视野下的认同现象解读

沿着米德提供的理解框架，认同是社会交流过程中出现的现象。在以研究人类交流为主要目标的新闻传播学领域不断有学者采用这一概念进行研究。我国新闻传播学界采用“认同”理论进行研究的时间比较晚，但是，新闻职业敏感性让一些人自觉地利用“认同”概念来深化对新闻传播的认识。

早在 1984 年，邹震曾撰文《“认同感”在新闻中的作用——评介西方记者写中国的两篇特稿》，提出应该从读者阅读新闻时产生

---

① Sheldon S，Burke P J．The past，present，and future of an identity theory[J]．Social Psychology Quarterly，2000，63(4)：284—297.

的“认同感”出发来选择题材，安排内容。[①] “认同感”是从受众接受心理的角度来研究新闻选材问题，虽然和西方认同理论有差别，也已经意识到“认同”概念中包含着一定内涵。陈力丹在分析马克思、恩格斯的“交往”观念时，提出了交往的“认同”心理。他认为：“认同是指在交往中把自己看作别人，特别是在相互作用比较强烈的交往中，认同这种心理活动更为明显，它对交往的实现和持续与否，起着重要作用。”[②]这是从人际交往（人际传播）过程中看待理解或交流实现的条件，马克思提出的人的“内在尺度”成为理解的标准条件。陈力丹在解读马克思主义的认同观时已经揭示出现代西方认同理论中的一个重要的概念“互动”。

更多学者立足于新闻专业主义，从新闻传播的规律来讨论认同问题。操慧从新闻传播流程的角度探讨新闻报道在社会认同感建构中的不足与应然机制。[③] 欧阳宏生则提出在发挥建构群体社会身份的同时，电视自我文化身份意识及认同问题，指出电视在主流文化、大众文化、精英文化和消费文化等为主的多元文化样态中，建构行业身份，塑造从业人员的自我身份认同，可以更好地发挥电视的社会功能。[④] 郑坚跟踪时政期刊《南风窗》的内容定位，从其采用的“当代英雄”叙事模式，报道政经财富故事等具体做法中分析其代表的主流意识形态认同问题[⑤]。孙玮以厦门 PX 项目事件大众媒介与新媒体的相关报道为个案，以新社会运动为理论

① 邹震.“认同感”在新闻中的作用：评介西方记者写中国的两篇特稿[J]. 国际新闻界，1984(1)：41—45.

② 陈力丹. 马克思、恩格斯论交往的认同心理[J]. 新闻与传播研究，1990(1)：15—30.

③ 操慧. 论新闻传播对社会认同感的建构[J]. 郑州大学学报(哲学社会科学版)，2011(2)：126—130.

④ 欧阳宏生. 认知与认同：中国电视的文化身份[J]. 国际新闻界，2007(6)：21—25.

⑤ 郑坚. 时政期刊的主流意识及其阶层认同：以《南风窗》为例[J]. 新闻界，2007(6)：43—45.

框架，分析媒体报道与集体认同感建构的具体途径，既从专业角度为新闻报道提供了有益的参照，也加深了新闻媒体“认同”功能的认识。[①] 樊昌志和童兵针对现阶段我国传媒行业事业属性与企业运营的内在矛盾，采用伯森斯的社会体系结构理论，分析大众传媒在社会结构中的身份困惑以及因此造成的不良后果，从社会建构主义出发，提出政府、公众、媒体共同努力建构符合中国国情的新闻专业主义，建构新闻媒体的专业主义身份认同。[②]

由于大众传媒在塑造信息环境中的巨大作用，媒体和身份认同之间的关系成为新闻传播学研究的重点。除了新闻媒体的自我认同外，国族身份相联系的中华身份认同成为重要的议题。罗以澄和司景新的研究着眼于大众传媒对国际冲突的“再现”，从中分析大众传媒塑造民族国家身份，区别他国文化，增加文化认同的手段和方法。[③] 李春华和刘红霞以研究综述的形式标举媒体体育传播和国家认同之间的关系，让人注意到媒体体育报道是国家认同的再现与重构的重要途径。[④] 韩素梅以《人民日报》玉树地震报道为具体案例，采取样本分类统计的方法，以话语为工具，分析媒体如何利用“话语在场”“互文表述”以及“仪式”“话语记忆”来传播助推国家认同的话语链，达到加强国家认同的目的。[⑤] 盛芳则是以《人民日报·海外版》为例来分析对外传播中的文化认同困境，在

---

① 孙玮.“我们是谁”：大众媒介对于新社会运动的集体认同感建构——厦门 PX 项目事件大众媒介报道的个案研究[J]. 新闻大学，2007(3)：140—148.

② 樊昌志，童兵. 社会结构中的大众传媒：身份认同与新闻专业主义之建构[J]. 新闻大学，2009(3)：22—29，9.

③ 罗以澄，司景新. 制造认同：大众传媒对国际冲突的再现[J]. 新闻与传播研究. 2006(1)：58—63，95.

④ 李春华，刘红霞. 媒介体育与国家认同：国外相关研究综述[J]. 北京体育大学学报. 2007(4)：467—469.

⑤ 韩素梅. 国家话语、国家认同及媒介空间：以《人民日报》玉树地震报道为例[J]. 国际新闻界，2011(1)：48—53.

盛芳看来，中西文化差异、修辞策略的不同会产生传播信息误读的现象，西方读者误读了我国对外传播的信息，从而怀疑我国新闻报道的可信度与合理性，以致对外报道产生了负面效应。解决之道也是促成文化认同。① 韩素梅和盛芳的研究一对内，一对外，从不同角度解读国家认同在新闻报道中的价值和意义。

学术研究是从理论层面对现实的系统考察。从国内现有的与认同相关的研究来看，所关注的问题多种多样，关注的层面也有一定深度。不足之处也比较明显，局限于将认同理论当作公式来解决国内的问题，缺乏理论深度和原创性，许多问题雷同，缺乏创新。对跨文化交流中的认同研究仍着眼于形象建构、国家认同的层面，文化贸易层面的认同研究明显不足。

二、跨文化交流与中华文化认同

范周在对《文化部"十三五"时期文化产业发展规划》的解读中，道出了我国当前在对外文化交流方面的目标："'一带一路'建设，要使不同民族文化'交而通'，让各国都能搭乘中国发展的'顺风车'，实现共同繁荣。在这一过程中，最重要的就是文化共鸣。经济上的互利是暂时的，文化认同却是……利在千秋的大事。"② 也就是在文化共鸣的前提下，实现文化认同。

跨文化交流中引发的认同问题一直是人类学、民族学关注的范畴。受全球化和国际交流迅速增长的影响，跨文化交流中的身份认同问题越来越突出，也日益受到人们的关注。

---

① 盛芳. 对外传播中的文化认同困境：以《人民日报·海外版》为例[J]. 传媒观察. 2011(12)：36—37.

② 范周. 深度解读《文化部"十三五"时期文化产业发展规划》[EB/OL]. 2017-04-20[2018-04-02]. http://mby.cuc.edu.cn/xsgd/8047.html.

我国对跨文化交流中的文化认同问题研究起始于也集中于海外华人的文化认同困惑。20 世纪 80 年代，保有传统中华文化的华人置身异文化地区，面对强烈的文化冲击，难免生发出文化身份何去何从的疑惑与叹息。在这样的背景下，海外华人身份认同的研究一度成为热点。1968 年，杜维明以切身体验出发探讨海外华人的中国"文化认同"问题。① 杜维明将这种问题放在中西文化交汇、传统与现代的冲突这两个宏观的背景下，探索中华文化的代表儒家文化的前途问题，引发了较大的反响。黄克剑在评论杜维明《儒学第三期发展的前景问题》时，针对"文化认同"问题展开讨论，批评杜维明对中西、古今文化的绝对二分法。② 新加坡、马来西亚、菲律宾、印度尼西亚等华人的认同问题以及整个东南亚的华人认同问题也受到较多学者的关注。③ 改革开放后，东南沿海一带的居民大量移入东南亚诸国并在当地迅速发展。新入异地的华人遭遇了文化碰撞以及由此引发的身份归属的困惑，海外华人的文化认同至今仍受到广泛的关注。

另一方面，从国内的情况看，改革开放以后，海外文化大量涌入中国，激发了人们对传统文化的价值、现代文明和西方文明的比较、中国文化和西方文化的优劣等问题的兴趣，开始从不同角度重新审视这些问题。有识之士不约而同地意识到本民族文化身份的问题，意识到除了人格、国格之外，还需要保护我们自己的文化品格。一些人喟叹传统文化衰落的同时，奋起致力于恢复、发扬传统，祭孔、读经、着汉服等一系列看似标新立异的行为背后，意欲彰

---

① 杜维明. 文化两极与两栖文化：海外中国知识分子的适应与认同诸问题初探[M]// 郭齐勇，郑文龙. 杜维明文集：第 1 卷. 武汉：武汉出版社，2002：113—122.

② 黄克剑."文化认同"和儒学的现代命运：评杜维明《儒学第三期发展的前景问题》[J]. 读书，1988(3)：18—26.

③ 林彦群. 战后新、马华人"文化认同"问题[J]. 南洋问题研究，1986(4)：72—83.

显的是对我族文化的追寻和维护；另一些人惊恐西方消费文化、娱乐文化的进入，强调文化安全，试图借助各种手段阻止“韩流”“日风”“美国潮”的涌入。在西方商业文化、娱乐文化面前，中华民族的文化认同再一次成为需要世人思考和践行的时代命题。

跨文化交流引发的文化认同议题绝非纯粹的学术问题，不只是存在于海内外学者思想层面的探索。它还涉及民族主义、极端民族主义、世界主义等现代社会发展需要直面的问题。客观而言，这些问题的解决绝不可能一蹴而就，或许，在中国文化提高了在世界文化中的地位之后，在文化产品和服务在国际贸易中占据重要地位之后，让文化他者接受并消费我国的文化产品与服务，这样的问题才可能发生重大转变。

三、文化认同是对外文化贸易的前提

对外文化贸易包括两个方面：文化进口和文化出口。从经济学的角度理解，无论进口，还是出口，都取决于文化消费需求。但是，需求理论很难解释人们在文化消费方面形成的偏好，尤其是涉及不同地区、不同文化背景之间的人们的文化消费差异。除了文化娱乐的消费需要外，还有一个重要的前提，那就是对文化产品与服务中传统的文化内容的认同感。

从经验层面很容易观察到这类现象，消费者更喜欢那些和其文化背景相似或接近的文化产品或服务，这也是“文化折扣”概念的理论前提。在实施全球战略之前，美国电影与流行文化更容易在英国找到市场，更难在法国找到共鸣，反之亦然。中、日、韩三国同属东亚文化圈，文化共性让这三国的消费者更愿意相互选择文化消费品。西方发达国家生产的文化产品因其带有现代文化特征，加之以现代文化工业的生产方式进行运作，更容易进入流行文化领域，也就更容易在全球范围内赢得青年人的喜爱。

更愿意接受自己所认同的文化应该是一个不争的事实，在后面讨论文化认同壁垒时，将对这一现象的成因进行深入分析。这里只是指出文化认同是对外文化贸易得以实现的前提。失去或没有文化认同，则形成认同壁垒，文化出口就无从谈起。正因为突破认同壁垒是文化出口过程中极为关键的环节，我们需要就文化出口中的认同壁垒进行具体分析。

第三节　文化认同壁垒的主要类型

在正常的国际关系中，当一个国家生产的外向型文化产品以及所推广的外向型文化服务得不到其他国家和地区消费者的认可时，文化出口只能是一厢情愿的空想。消费者拒绝产品和服务的原因是多方面的，质量、价格、售前与售后的服务等一般性的商业因素都可能抑制或熄灭人们的消费欲望，文化产品和服务必须遵从这些商业规律。除此之外，消费者对文化产品和服务缺乏认同感而形成的认同障碍也是阻碍文化出口的重要原因。围绕着文化差别，文化出口中的认同障碍主要由政治、宗教、文化习俗等方面的差异造成。文化认同壁垒也突出地表现在这几个方面。

一、意识形态壁垒

国际贸易的出现是为了平衡全球资源分布不均的现实，其背后的驱动力是市场消费需求。但是，由于国际贸易又是贸易国之间国家关系的反映，因此受国际政治关系影响至深。回顾历史，也可以发现政治因素经常左右着国家之间的交流，国家之间的友好或敌对关系直接决定着交流的内容与方式。

极端时期，国家间的政治关系不仅可以决定国际贸易的成败，还会左右贸易的内容。冷战时期，两大阵营之间的敌对状态决定了双方成员国之间的政治关系，阵营内部的国家之间贸易不断，各自和敌对阵营国家对外贸易都近乎停滞，文化交流、文化出口更无从谈起。除了“冷战”那样的特殊历史时期外，任何时候，国家间政治上的冲突均会导致国际贸易受阻。国际局势的复杂性以及国与国之间关系的瞬息万变都会直接影响国际政治关系，从而影响到国际贸易的正常进行。

和其他商品贸易相比，文化贸易具有特殊性，更易受到国际政治关系的影响。文化贸易的特殊性一定程度上来源于文化的意识形态性。这里，我们有必要对意识形态理论作一简单回顾，虽然“意识形态”概念的创制者是法兰西研究院院士特斯杜·德·托尔西，[①]它的现代意义却是由马克思在《德意志意识形态》中赋予的。在这部著作中，马克思第一次系统地阐述了唯物史观，论述了经济基础和上层建筑之间的关系，确立了马克思意识形态的基本理论。马克思建立的意识形态理论被后来者继承、发扬和改造，其中，最具有影响力的是阿尔都塞和葛兰西。阿尔都塞的意识形态国家机器学说、葛兰西的文化霸权理论分别向“意识形态”概念中注入了更多政治内涵。阿尔都塞在《意识形态和意识形态国家机器》一文中对马克思主义国家学说进行了发展，提出国家机器由两部分组成：国家机器和意识形态国家机器。[②] 在马克思那里作为统治阶级意志曲折反映的意识形态变成了直接统治工具。葛兰西区分政

① 俞吾金. 意识形态论[M]. 上海：上海人民出版社，1993：14.

② 阿尔都塞. 意识形态和意识形态国家机器[M]//阿尔都塞. 哲学与政治：阿尔都塞读本. 陈越，编译. 长春：吉林人民出版社，2003：334.

治社会和市民社会，用政治社会指代马克思所提出的政治上层建筑，市民社会则是国家和社会的基础，统治阶级依靠文化人和文化机构，向市民社会推行自己的政治理念、伦理道德和文化价值等，即利用所谓的“文化霸权”(cultural hegemony)对市民社会进行控制和统治。

当人们把阿尔都塞和葛兰西的学说从国家层面推广到国际层面的时候，意识形态的国际表达就演变成文化帝国主义和国际文化霸权。20 世纪下半叶，美国的电影电视等娱乐文化向其他国家和地区推广，借助工业化生产以及市场化运作，美国的文化产品很快就占领了世界文化市场。这一现象引起许多学者的警惕和反思，有一种观点认为这是美国借助文化产品来推销其价值观和生活方式，企图从思想上占领其文化产品流入地，实现其帝国主义文化征服的目的。20 世纪末汤林森的反思强化了这一观点，并赋予其时代的内涵。汤林森认为“文化帝国主义”属于 20 世纪 60 年代出现的激进的精神批判社会的术语，是一个散漫的概念。必须在话语叙述中才能够理解。① 汤林森的话语概念转借自福柯。在福柯眼中，话语本身就是实践，是一种统一了理论和实践的行为实践。福柯在进行话语分析时假定：“在任何社会中，‘话语’的产生既是被控制的、受选择的、受组织的，又是根据一些秩序而被再分配的，其作用是防止它的权力和它的危险，把握不可预测的事件。”②沿着福柯、汤林森的理路，隐藏在美国文化产品背后的霸权清晰可见。如果把美国文化产品的输出看作话语实践，那么控制、选择、组织文化产品的行为就变成话语外部控制原则的实践，接受其文化产品也就意味着被控制。以电影对人的控制为例，可以把

① 汤林森. 文化帝国主义[M]. 冯建三，译. 上海：上海人民出版社，1999：4—5.
② 王治河. 福柯[M]. 长沙：湖南教育出版社，1999：162—163.

福柯的名言改变成这样：不是观众在看电影，而是电影在看观众。电影中包含的意识形态内容通过看电影这类话语实践灌输到观众的心中，文化霸权由此形成，作为消费者的观众成为被控制、被统治的对象。

文化帝国主义和文化霸权的观点脱胎于西方马克思主义的批判精神，还裹挟着冷战思维的色彩。从阶级对立、世界霸权的角度看，文化输出的确有控制他者精神世界，文化入侵的成分。同时，也需要看到汤林森在文化帝国主义问题上所持观点的合理性，那就是当今世界已经走出冷战时期，全球化成为新的时代主题。在这一主题下，国际文化交流不过是延续人类文明发展史上的常态而已。

现实中，怀抱对立与斗争、霸权与反霸权等观念的人、组织、国家不在少数，不同政治体制的国家之间，文化上的相互提防已经提到“安全”的高度，文化出口遭遇到形形色色的政治壁垒也是不争的事实。马来西亚、中东各国对国外影视产品的限制很大程度上就出于政治上的考虑。现代化程度较高的新加坡、韩国等国家和地区也因政治原因而限制文化产品的进口。面对现实，如何在执政理念、意识形态、组织机构、管理方式等一系列差异中寻找认同之道，打破阻挡文化出口的高墙是必须面对的问题。

二、宗教观念壁垒

不同的宗教可能成为文化出口的深层障碍。文化不同于宗教，宗教却属于文化。“宗教是一种文化形式。文化包含了一系列共享信念、价值、规范和观念，能够在某个人群中创造出共有认同。所有这些特征宗教也具备。”[①]不同地区，人们的宗教信仰有很大

---

① 安东尼·吉登斯著，西蒙·格里菲斯协助. 社会学[M]. 李康，译. 5 版. 北京：北京大学出版社，2009：436.

差别，即便是有着同一种宗教信仰的人们因对教义、仪轨理解上的差异，宗教行为和习俗也有很大差异。这些差异是人们确立自己宗教身份、精神信仰家园的重要手段，具有一定的排他性。为维持这些差异，人们选择拒绝非自己信仰的宗教内容。并且，宗教信仰内化于人们的精神世界，根植于社会生活，有些宗教内容还非常难以觉察，它们与文化之间的关系也极其复杂。出口的文化产品或服务中难免会涉及宗教内容，就很可能遭遇出口失败。

文化出口过程中宗教障碍出现的前提是不同地区的宗教差异，其具体形成则由贸易双方对宗教内涵的错位理解并将这种理解带入到文化产品和文化服务中去造成的。

宗教文化异于我国的国家和地区可以大致划分出两种类型。一种是我周边的东亚、东南亚的一些国家和地区。这些地区有大批中国侨民，曾深受中华文化影响，他们的宗教文化也影响到中国。因此，宗教信仰上能够和我国实现一定程度的对接。当我们和这些国家与地区开展文化贸易时，较少受困于宗教文化上的差异。不过，毕竟这些地区形成了自己独特的宗教文化，采取尊重的态度来从事文化出口工作会让进出口双方均得到满意的收获。最为典型的日、韩两国，在文化和宗教信仰方面都曾受到过中华文化的巨大影响，这些历史影响已经采取不同的形式融入两国的信仰体系中去。但是，宗教信仰与宗教文化也在不断变化，比如韩国被认为是一个具有儒教传统的国家，但是根据韩国政府 2005 年的一项调查，国内的基督教信众已经约占总人口的三分之一，[①]对韩文化出口就必须考虑其国内的基督教文化影响，规避因宗教问题而造成的文化认同障碍。

---

① 陈梦遥．韩国基督教盛行的原因[D]．北京：北京大学，2008：1.

另一种是和我国宗教文化差别较大，且相互影响相对较弱的国家和地区。主要包括信仰伊斯兰教的中亚诸国和信奉基督教的欧洲、美洲、大洋洲的多数国家和地区。生活在这些国家和地区的人们多信仰一神教，多数人从小就生活在宗教氛围中，受宗教思想浸染颇深，即便今天那些并无宗教信仰的人也没有完全脱离宗教文化的熏染，以至思想和生活方式都与宗教有着密不可分的关系。虽然他们在对待宗教态度上各不相同，但是，相对于我们对宗教文化的理解，仍存在比较大的认知和情感方面的差距。我国奉行宗教信仰自由的政策，基督教信仰自由，但是，多数信仰者也没有完全脱离中国传统的宗教观念，在宗教体验方面和欧美信众存在着明显的差异。况且，文化出口中各个环节的实施者也不一定由基督徒组成，所提供的文化产品与服务涉及基督教文化时还需要详加考虑。

一些民间信仰或者说迷信也会对出口造成障碍，比如欧美地区许多人视黑猫为不详预兆，而我国超级流行的动画片《黑猫警长》中黑猫则是惩恶扬善的勇士，保卫一方平安的英雄。如果要将该动画片及其衍生产品出口至英语国家，则会遇到阻力，而那些没有这种迷信的国家或地区则不存在这一问题。

如果不考虑我们和文化他者在宗教信仰、宗教习俗和宗教生活等一系列方面的差异，当我们坚信不疑的内容附着在文化产品和文化服务上走出国门的时候，很可能会遇到一系列的麻烦，产生这些麻烦的原因很可能就是宗教信仰问题。我国在从事文化出口活动时尤其应该注意到这一点。

三、文化差异壁垒

进入 21 世纪以后，在“中国制造”遍布全球，中国逐步实现崛起之梦的时候，我国的文化产品与服务并没有在国际贸易中得到足够的认可，文化出口仍是我国对外贸易的一块短板。这种情况与我国经济、政治和文化等诸方面的迅速发展极不相称，也不符合出口大国的身份。文化出口成为跨文化贸易中一个亟待破解的困局。

困局的成因复杂多样，同行竞争、替代产品过多、渠道不畅、市场定位不明等诸种因素均可成为我国文化产品和服务出口的障碍。这些因素综合起来表现为国外文化市场进入壁垒。为突破国外文化市场进入壁垒，政府、民间、学界提出了各种解决方案：金融支持、渠道建设、市场开拓、放开民营等等，这些政策、举措如果实施得当，或可以为解开文化出口的困局提供不同程度的帮助。文化出口困局的成因是多方面的，解开困局自然需要不同层面、不同环节相互协作。

与此同时，不能不看到，多数措施并没有触及那道无形壁垒——文化差异。不易跨越的文化差异致使一些外国文化消费者心里并不接受我国出口的文化产品与服务。没有消费者从心理层面的接受，文化出口只是空谈。相对于我们而言，国外文化消费者属于文化上的他者，文化出口的前提之一就是让消费者接纳我们的产品，也就是要实现“他者认同”。“他者认同”在不同语境中具有不同的含义，这里我们将其限定在文化领域，他者意味着文化上的他者，认同也仅限于文化上的认同。

在跨文化交流这一范畴内，历史地形成的文化认同和民族认同、国族认同之间存在着一致性。文化出口需以他者认同为前提的必要性与合理性就存在于这种一致性当中。民族认同根源于人类认识与实践过程中的自我中心倾向，以及受影响形成的我族中心主义。不同文化区域间存在的文化壁垒是伴随着文化的生成、发展历史地形成的。文化是人和环境之间的生存建构，文化认同根植于人类的生存探求。在人类的发展史上，无论个体还是群体，都遵循着相似的认知模式。这一模式将“自我”作为感知、观察、建构人类生活世界的基点和起点。生活于不同文化中的个体或群体创造出形态各异的文化，但是，他们均以自我为前提，以生存环境为条件和依托，以调适为工具来完成自己的生存使命。正因为自我是认知和行动的出发点，所以在认知和行动过程中形成的文化也带有自我中心主义的色彩。考察全球不同地区的文化，从中均可发现不同程度的自我中心倾向。自古以来中国人就将自己居住的地方称之为天下之中，殖民扩张中的欧洲人视欧洲之外为蛮荒，澳洲土著也将自己生活的区域视为宇宙的核心，这些例子不一而足，无不表明人类以自我为中心来建构自己的文化。

人类又是社会性的群居动物，文化也是由生活在特定群体中的人所创造的，人类文化的自我中心倾向在特定群体中就表现为我族中心主义。历史上创建并保有特定文化形态的群体在古代称之为族。随着历史的变迁，以及人类认识的发展，“族”这一概念的内涵以及它所指代的现实都不断发生着变化，处于变迁与建构之中。在不同的时空内，种族、家族、民族、国族等不同规模、不同层次的社会群体都被视为族。这些社会群体的成员因共享特定的文化，而将自己视为“族”中的一员。这种现象就是个体或群体对自己在群体意义上的定位与身份认同，不同的个体或族群都从这里建立自己的归属感，而族群意义上的归属感主要来自文化上的认同。因此，有学者直接将两者视为一回事。[①] 随着人类社会的发展，民族的含义在不断变化和拓展，当今的民族已不限于指代人种

① 萨利姆·阿布．文化认同性的变形［M］//《第欧根尼》中文精选版编辑委员会编选．文化认同性的变形［M］．北京：商务印书馆，2008：11．

学意义上的民族，还包含了现代民族国家意义上的民族。于是，文化认同和民族国家认同之间存在一致性。而近现代形成的国家多以民族为其核心，生活在这些国家的人们对自己国家的文化也具有强烈的认同感。

不同时期，不同地域，不同族群的我族中心主义倾向内涵各异、表现强度大小不均，功能却相似，它是特定族群强化自身凝聚力的有效方式，可以在一定程度上保持民族或区域文化的稳定性和延续性。文化归属感即伴随着“我族中心”的意识或观念才得以形成。生活在特定文化时空中的人，作为既定文化的继承者，无一不接受自己生活其中的文化的濡化。濡化是一个不断反复、深化的过程，它体现在两个方面：一方面，外显的行为遵从一定制度、规范和习俗，从而使人的自然行为成为文化的；另一方面，内隐的心理则在认知、实践的过程中形成与民族文化一致的心理框架、思想观念，并在情感上形成归属感，认同自己生活的族群、认同自己的文化。由于建构人自身的文化呈现出多层次、多方面的动态结构，文化认同也存在于不同的层面。广义而言，心理层面、社会层面以及文化层面均存在文化认同问题；狭义的文化认同则仅指和文化的族群性、地方性联系在一起的文化认同。文化出口过程中需要解决的认同问题和后者的关系更为密切。

认同的背后往往隐藏着差异化，认同本族、本地文化的同时意味着排除了异族、外地的文化，将非己的文化视为“他者”文化。文化概念的包容性使其外延扩展到人类社会生活的各个方面，这些方面又非相互隔绝，而是密切地结合为一个整体。对我们来说，文化他者的一个细微行为都充满着谜团，需要深入到他者生存的环境和文化中，深入到他者对文化的理解和想象中去寻找理解的线索。正是在这一层意义上，格尔兹将文化视为地方性的，提出地方性知识的概念。[①] 借助这一概念，可以看出，和整体性融合为一体的文化的地方性使全球范围内的文化呈现出不同的类型，也让不同地区的文化彼此之间形成互为他者的关系。对特定地区而言，任何其他地方的文化都属于他者。相对于本土文化而言，外来文化皆为“他者”文化，某一地区在接受、接纳外来文化的初期，经常会采取保护的策略，拒绝外来文化的进入。

随着全球化进程的推进，这种保护策略越来越普遍地见之于各个地区。全球化并不意味着同一化，相反，却强化了人们的文化自觉。生活在不同文化区域的人们因为意识到全球化浪潮的袭来，惧怕被同化而更加珍视自己的本土文化，有意识地抵制外来文化进入。法国在这方面的做法颇具代表性。自 20 世纪末，法国政府就开始有意识、有计划地阻止美国流行文化的进入，1993 年，在关贸总协定的乌拉圭回合谈判中成功地将文化置于自由贸易体系中的“例外”，[②]以保护本国文化的发展，接着在国际上积极倡导建立“保护文化多样性公约”，以此来维护自身文化的统一性。[③] 已经有许多国家和地区加入这一公约，以保护自己的传统文化得以延续。毫无疑问，文化多样性应该加以保护，但是，我们不能不看到保护传统文化在一定程度上隐含着对外来文化的拒斥。

文化上的保护主义在不同程度上促使国际文化贸易壁垒的形成，并持续强化着这一壁垒的阻碍效力。和其他出口商品与服务相比较，文化产品和服务具有鲜明的特殊性。这种特殊性的根源

---

① 克利福德·吉尔兹，地方性知识：阐释人类学论文集[M]. 王海龙，张家瑄，译. 北京：中央编译出版社，2000：224—225.

② 谢明. 试论法国大众传媒与法兰西文化保护政策的互动关系[D]. 北京：中国社会科学院，2005：23.

③ 张帆. 解读文化软实力：法国政府的文化政策[N/OL]. 中国社会科学报，2010 - 10 - 21(15)[2010 - 10 - 21]. http://www.cass.net.cn/file/20101021285523.html.

正在于文化产品和服务本身是“文化”的，是和文化内容融为一体的，是与文化的整体性联结在一起的。不针对这种特殊性，很难真正破解文化出口的困局。因此，若想成功实现文化产品或服务的出口，必须意识到文化进口地区的“他者”身份，在特定范围内取得他者的认同。

文化产品和服务出口是将文化内容作为消费品输送到文化进口地区，使其成为当地人的文化消费内容。实现这一目的的前提，必须让消费者从心理上接纳外来的文化，也就是实现他者认同。在文化出口的过程中如何实现他者认同？可采取的途径有很多。根据一般商业活动的流程，我们可以从各个环节入手来改变文化消费者对进口文化产品和服务的态度，达成消费意愿，形成消费行为。目前急需解决的是开拓市场、定位消费群体和开发符合出口需要的文化产品与服务。

首先，文化出口需要以市场为导向，开拓文化市场。与其他商品不同的是，出口文化产品和服务的市场并不明确，需要开拓，在开拓的过程中打破文化壁垒。于是，文化推广就显得极为重要。文化推广的主角必须由多重组织来扮演。以往，我国政府扮演着文化推广主体的角色，在全球化兴起，民族意识增强的今天，政府主导的文化推广活动有可能被他者视为推行文化霸权。因此，必须加大民间组织或企业对外文化推广的力度，缓和其他国家或地区对我国文化输出的敌视态度。

其次，在开拓市场的同时，要明确消费群体，有清晰的市场定位。跨文化消费需要定位于那些不被我族文化意识控制，完全抵制外来文化的消费群体。年轻人、受教育程度较高的群体具有较强开放意识，愿意接受新鲜文化，很容易成为异文化产品或服务的消费主体。反观我国进口文化的消费群体即可确证这一判断。美国大片、“韩流”和“日风”最先吸引的都是年轻人，迪士尼乐园及其拍摄的动画片则以儿童为首选对象。之所以如此的原因就在于这些群体乐于尝试新鲜事物，还没有完全被传统文化束缚。我国的文化产品在出口过程中，也应该将这些群体锁定为消费的主体，重点开发，从这一批“他者”那里取得一定程度的文化认同，从而培养出文化出口产品和服务的消费群体，有了消费群体，市场定位才会日益清晰。

再次，以文化接近性为标准提供文化产品和服务。我国传统文化博大精深，是我们最可宝贵的财富。但在特定情况下，它也会变成我们的负担。我们往往以自己的传统文化为荣，总以一己之心度他者之思，想用自己优秀的文化去打动、征服外国的消费者。京剧、民乐、曲艺、民族歌舞表演等可谓国粹的传统文化往往成为我们对外文化推广时的首选对象。但是，不能不看到这些文化形式与内容因其民族特色过于浓厚，其他地区的文化很难与之接洽，当地人多数是以猎奇的心态来看待我们自认为优秀的文化，并非抱以审美欣赏的眼光。这些文化形态也就很难成为可供他者消费的商品。对比那些在我国成功推广的外来文化产品，不难发现，它们多数都拥有和我们当前社会文化相当一致的内容，也就是符合约瑟夫·斯特劳巴哈（Joseph Straubhaar）和罗伯特·拉罗斯（Robert LaRose）所言的文化接近[①]的内容。日、韩两国与中国文化有一定的同源性，从这两个国家进口的文化产品很容易就被我国大众接受，更别说他们在生产输出之前就已经详细研究了我国的受众特征，对我国的文化了解颇深。美国是当前世界头号强国，其文化中包含较多的现代性因素，而我国正全力以赴走向现代化，

① Straubhaar J，LaRose R，Davenport L. Media now：understanding media，culture，and technology[M]. 7th ed. Wadsworth，Cengage Learning，2012：502.

美国电影以及其他文化产品中所包含的内容在一定程度上反映了我们的未来，再加上高科技的支持、极具渗透力的感官效果的渲染，部分青年人对美国文化趋之若鹜的现象就不难理解。我们现在的做法却是反其道而行之，以自己最核心的、他者并不感兴趣的内容去打动消费者，这样的做法无异于缘木求鱼，很难取得预想的成功。因此，文化接近性应该是出口型文化产品和服务的一条重要标准。

总之，破解当前文化出口的困局，需要采纳先进经验，有意地改变本土文化的特征，增加出口文化产品和服务与进口地区文化的接洽度，避开跨文化贸易中的文化壁垒，促成他者认同，实现文化出口的目标。

第五章　文化出口中认同机制建构的路径

文化“走出去”是我国政府实施的一项长期战略，文化出口也应该是连续不断的文化交易。阻碍我国文化“走出去”，限制文化出口的各种认同壁垒也具有长期性、反复性的特征，不可能一劳永逸地加以解决。为此，有必要探索建构相应的认同机制，以保障文化出口的顺利进行，实现预期目的。由于认同壁垒的产生主要来自政治意识形态、宗教和文化，认同机制的建构也主要从这三个方面入手。这三个方面对认同的要求程度不同，政治上的合作、宗教上的理解、文化上的认同是建构文化出口中的认同机制的一般路径。

第一节　认同机制中的条件建构

历史表明，处于敌对或对立状态的国家和地区相互之间采取防御姿态，拒绝、阻止各种交流活动，以满足安全的需要。彼此间原本正常的贸易活动受到严重影响，即便不处于停滞状态，也会在交易的内容和范围等方面呈现大幅缩减的态势。文化贸易更是如此。即使并不处于敌对状态，政治理念、政治体制等方面的差别也会影响到国家之间的文化贸易。1949 年中华人民共和国成立以后，我国的文化消费变化清晰地反映出政治和意识形态对文化贸易的影响。在新中国成立后的一段时期，我国和苏联同属于社会主义阵营，彼此承认对方的治国理念和政治体制，我国在意识形态上跟随苏联，于是，苏联的文化产品，如电影、图书、音乐等，大量引入中国，成为当时最具影响力的文化消费产品。而处于另一阵营的国家，即便在其文化产业迅速发展繁荣的阶段，文化产品也很难进入我国。在我国和美国重新建立起外交关系，尤其是我国政府推行对外开放的基本国策，走市场经济之路时，中美两国对彼此的政治组织方式给予一定的承认，意识形态方面的差别也相对淡化，美国的影视、图书、流行音乐等文化产品大量涌入中国市场。因此，政治认同是实现文化出口的前提。但是政治认同并不意味着完全一致，也不意味着一方完全屈从于另一方，而是在平等的基础上建立起来的政治互信的关系。这种关系表现在互信、合作、贸易往来等几个层次之中。

一、国际政治互信

国与国之间的政治互信是指双方确信对方的政治理念和执政方式不会对己方造成潜在或直接的危害，以及在此基础上产生的安全交往的意向。国际政治互信是国家之间维持和平稳定的外交关系的前提，也是国际贸易、文化交流等其他国际交往的基础。

根据郑也夫的研究，信任是人类在演化过程中形成的简化机制，发挥着为社会提供秩序的功能。[①] 如果没有这一简化机制，人

---

① 郑也夫. 信任论[M]. 北京：中国广播电视出版社，2001：4.

类会不堪信息过载的重压而失去智力进化的途径，缺乏秩序的人类社会是不可想象的。因此，信任是人类社会必需的社会调节手段。具体到国际关系中，信任被看作是防止国际危机发生的重要途径，国家之间建立起相互信任的关系以后，不仅可以从维护和平关系，谋求发展的角度出发来处理国家关系，还会在发生危机的情况下，遵循和为贵的外交原则，尽力化解危机，自觉地维护友好合作的国家关系。[①]

在互信基础上形成的国家关系是国际贸易正常进行的前提。经济指标一直是考察进出口贸易的主要手段。但是，国际贸易从来都不是单纯的商业活动。与国内贸易相比，它受到政治、宗教、习俗等非经济因素、非贸易因素更为强烈的影响。其中，政治因素的影响尤为直接和明显，不同国际政治实体之间的远近亲疏关系一直影响着贸易的规模、内容和质量。文化产品与服务同政治意识形态的关系更为密切，因此，在国际贸易中文化出口更易受到政治因素的影响。在国际关系研究中，信任还被建构主义者认为是认同的基础。[②] 我们要推动文化出口的发展，首先要建设与各国政府间的合作机制，而不同国家之间合作的前提是政治互信。

二、国际政府间合作

互信是合作的基础，合作是互信的目的之一。历史上，我国和周边国家和地区之间通过“礼尚往来”形成一种联结政治、经济和文化内涵的区域联盟，共同结成一个具有多种关系的区域性共同体。它的运行机制是周边和中心之间的定期交流，周边国家与地

---

① 郑剑. 发展相互信任防止国际危机[J]. 现代国际关系. 1998(8)：38—40.

② 尹继武. 国际关系中的信任概念与联盟信任类型[J]. 国际论坛，2008(2)：55—61，81.

区向中国历朝中央政府进贡，中国政府则回馈以相应的财物，并提供政治上的保护。这也就是一些学者提出的朝贡体系。日本学者滨下武志认为，朝贡体系是以中国为核心，为东亚、东南亚各国所接纳的区域贸易体系，这一贸易体系奠定了东亚圈形成的基础。近代中国社会解体与重构的重要原因就是东亚文化圈内朝贡体系的解体与重建。[①] 滨下武志的观点给理解近代以前中国与周边地区的关系提供了一种有益的视角。朝贡体系实质上是以贸易为基础建立起来的区域政治联盟。中国虽然一直自视、他视为上邦大国，却基本上以平等的关系来对待远离政治中心的周边国家，朝贡体系中的国际贸易大体采用等价互惠的原则，同时辅以政治军事上的庇护，使中国在亚洲成为区域性的政治、经济中心。鸦片战争以后，积贫积弱的中国沦落为半殖民地半封建社会，救亡图存成为几代人的主题。以中国为核心形成的朝贡体系遭到破坏，和周边国家形成的国际合作机制也荡然无存。新中国成立后的一段时间，世界范围的冷战局势使得我国采用以意识形态为标准的外交合作机制，和其他国家之间的关系划分为泾渭分明的两部分。改革开放以后，务实的政治交往理念占据主流，和世界各国的政治交往以合作取代对抗，积极融入国际社会。

国家之间的合作可以在多层面上展开。古代，政府合作的目的往往出于战略考虑，军事关系居首，国家之间的关系突出表现为结盟、中立或敌对三种状态。我国历史上的春秋战国时期，世界历史上的第一次世界大战和第二次世界大战期间，集中表现了这种国际关系。这种国际关系的基础是地域决定了资源的归属。占有更多的自然、人口资源是增加国家力量的手段，也是国家实力的象

① 滨下武志. 近代中国的国际契机：朝贡贸易体系与近代亚洲经济圈[M]. 朱荫贵，欧阳菲，译. 北京：中国社会科学出版社，1999.

征。对国家的发展来说，这两种资源往往处于稀缺的状态。为取得这两种资源，国与国之间展开各种手段的互补合作与相互竞争。战争就是这种关系的极端表现，为战争而结盟，其根本目的在于维护或者攫取更多的战略资源。这种国家关系一直延续到第二次世界大战以后。冷战结束以后，国际关系变得更为复杂，由自然资源的地理分布不平衡决定的国际关系仍然占据主导地位，但科技、人才、社会组织、创新思想等文化资源在发展中的地位越来越重要，这些资源的分布虽然呈现出地理上的特征，却可以超越地理的局限，其国际分配和配置的合理性可以通过国际交流与合作来完成。如果想以战争的方式来聚拢这些资源，反而会破坏这些资源正常生成的环境而起到负面作用。因此，虽然国家之间的竞争并没有，也不会消失，但是与竞争交织在一起合作就成为各国处理国际关系中的主要策略。

国家之间的合作可以在各种层次上展开。政治、经济、文化等不同层面的交流在不同的历史时期、不同的社会情境中占据着不同的地位。整体上看，以政治权力为基础，以经济交往为目的，以文化交往为纽带一直是国家和地区之间交流的基本模式。政治上的合作包括各种层面的政治交流、协商世界性的政治议题、担负国际政治责任等。以国家利益为核心。这些合作机制为我国融入世界体系，成为世界民族之林的一分子起到非常大的作用。这些都为经济、文化上的交流与合作提供了基础。

三、文化贸易框架建设

推动多边互惠的国际贸易发展是国际政府间合作的主要目标和重要任务。加入 WTO，倡建亚洲基础设施投资银行，推动“一带一路”建设……这些重要的举措极大地推动了我国的国际贸易发展。

从我国文化出口的现状出发，我国与其他国家政治之间的合作应该将建设文化贸易合作框架作为重要的工作内容。我国的国际文化贸易尚处在起步阶段，长期缺乏国际文化贸易的经验，让我国在文化出口中缺乏相应的话语权。为了维护国际贸易的正常进行，国际社会不断做出努力，签订相关协定，建立起相对稳定的贸易平台。由于历史的原因，我国在现有的国际贸易平台中所占地位并不高，一方面由于国际上的文化霸权，一方面我国文化贸易滞后于其他非文化商品贸易的发展，在文化出口方面落后于发达国家。失去话语权也是自然而然的事。一个最简单的例子，在联合国国际贸易发展委员会和联合国教科文组织所做的文化产业调查得到的数据和我国调查得到的大相径庭，一个主要的原因在于所采用的概念和我国对文化产业的定义不一致。如果从所谓的国际视野出发，采用联合国的标准，就会得出我国统计方法与国际接轨程度不高的结论。如果从我国的文化产业的实际状况出发，比较国际上对我国文化产业发展的判断，则可以说这是我国国际话语权缺失的表现。因为联合国国际贸易发展委员会所采用的创意产业的概念是英国学者提出的，根据概念设置相关的参数进行的调查统计。而联合国教科文组织所用的版权贸易的概念则是美国的惯例。这两个公认的国际平台所采用的概念不过是将文化出口超级大国的概念应用到国际层面的结果。其背后是这些国家话语权的扩张及霸权的表现。应用这些带有霸权意味的概念来规范我国的文化产业发展，不仅很难准确地反映我国文化产业的实际发展情况，还容易将我国的文化产业发展引向它们既定的轨道，成为其他国家话语和规则的"牺牲者"。目前，在国际"标准"方面所付出的巨大成本就是一个鲜活的教训。

因此，建设公平、合理、有利于我国文化出口的文化贸易平台是我国在建构政治认同机制方面需要努力的方向。建设文化贸易合作框架可以采取两种途径：第一种从全球视野和专业分工出发，建设行业性的合作框架；第二种从地缘政治、文化类别入手，建设局部性的文化贸易合作环境。两者联合把普遍与特殊结合在一起，共同构筑出有利于文化出口的文化贸易合作框架。

专业性文化贸易合作框架的建设有赖于经济、文化、法律、技术等有利于文化贸易的国际环境。可以在这样的环境中，建立起行业性的文化出口合作框架。比如和东南亚诸国建立影视、电子游戏出口合作框架协议，和日本建立图书版权的出口合作框架协议，和韩国建立电视剧和电子竞技合作框架协议等，在这些协议中达到互惠的贸易协定，在促进相互交流、双边对等贸易的条件下，推动我国的文化产品、文化服务的提升，在国际文化贸易市场取得有利条件。

地域性的文化贸易合作框架可以根据我国国情和国际文化圈现状，建构不同规模的合作框架。由于 WTO 或乌拉圭回合谈判的会员国对象是全世界，为达成共识必然会忽略文化的地区差异性，这种差异性恰恰是文化贸易需要正确处理的问题。因此，区域性的文化贸易合作框架建设就显得非常必要。一是着眼于国家之间的合作。建立双边、多边、区域性的政府文化合作贸易平台。我国和韩国、日本以及东南亚诸国可以建设双边或区域性的文化贸易合作平台。二是和不同国际区域性政治组织之间合作，建立地域和文化类型相互交差的合作平台。北美地区、拉美地区、欧洲、非洲诸地都根据各自的地缘政治建立起相应的政治组织。这些组织之间的政治诉求、文化惯例差别很大，可以根据不同的情况建立起内容不同的文化贸易合作框架，在不同的框架内，从事内容差别的文化贸易。

建设互惠互利、有利于我国文化的国际间文化贸易合作框架，需要政治意识形态方面的认同做后盾，这些构架的建立与发展也可以为政治意识形态上的认同提供一定的保障。

第二节　宗教信仰理解机制的建构

建构宗教信仰的宽容与理解是文化出口中认同机制建构的第二个方面。之所以强调宗教信仰理解机制的建构，是因为宗教信仰在许多国家的文化消费中发挥着巨大的隐形力量，而在以无神论的共产主义信仰占主导地位的中国，人们对国际文化消费的这一前提缺乏足够的重视与理解。

中华人民共和国成立以后，我国成为一个宗教信仰自由的国家。一方面，在唯物主义的指导下，学校教育在传播无神论思想的同时，完成了使宗教神权与世俗生活分离的目的；多数中国人不具有西方宗教话语体系中的信仰。另一方面，积淀在世俗生活各个方面的传统文化又让我国民众拥有自己的信仰。除了东亚文化圈以外，我国民众的信仰与其他国家和地区截然不同。这种独特性一旦进入文化产品，必然会给那些不理解我国宗教信仰特点的消费者造成障碍，从而影响文化出口。理解宗教、认清宗教的排他性特征，从世界宗教共存的角度来看待其他宗教，理解自我与他者的信仰，并将这理解灌输到文化产品和服务中去，是建构宗教信仰理解机制的有效途径。

一、宗教的功能性理解

宗教是人类社会中普遍存在的一种文化现象，从人类社会演化的历程来看，宗教一直存在于人们的生活之中。“但凡为人所知的社会，宗教必曾于其中扮演过一定的角色，且往往起着决定性和独创性的作用。”[①]这一结论并非主观臆断，而是观察历史上世界各地宗教现象之后的概括与总结。世界三大宗教基督教、伊斯兰教和佛教的力量依然强盛；一些地方性的宗教也非常活跃；还有些具有部分宗教功能，被归于迷信的非宗教活动也存在于世界的各个角落。在特定的历史情境下，还会发展出有悖于人类精神健康，对社会造成极大危害的邪教。美国、日本、法国等发达国家以及我国都曾出现过这类极端危害社会的现象。

形形色色的宗教现实性存在是不争的事实，任何社会事实的背后都有它存在的依据。当前社会中普遍存在的宗教现象就有着深厚的社会基础，是人类演化至今的一种必然存在。宗教的必然性就在于它在生活中的重要精神价值。人类的一个重要特征就是除了有形的肉身外，还拥有无形的精神。人类的精神世界是宗教栖息的居所，超越自我与有限世界的内驱力是宗教精神价值的根源。对于个体而言，宗教并不是一种绝对的存在，随着宗教对精神控制力的减弱，非宗教信徒数量的增加也是一种发展趋势。对于非信众而言，宗教是一种和自己疏离的客观现象；对于信仰者来说，宗教不仅是认识和理解的对象，还需要去践行和体验。由于人们的信仰各不相同，在讨论宗教现象时，界定出带有普遍意义，能被各界认可的宗教概念就显得比较重要。以参与式观察为重要策略，以田野调查为主要方法的人类学研究为这种普遍性提供了一种可能。大量的人类学工作中包含了对不同地域、不同文化中的宗教现象的认识与了解。人类学家采取跨文化的视野来考察有别

① 约翰·布克. 剑桥插图宗教史[M]. 王立新，石梅芳，刘佳，等，译. 济南：山东画报出版社，2005：10.

于本土文化的宗教文化现象，可以在很大程度上规避认识问题时的文化自我中心倾向，从而得出相对中立的“宗教”观。文化人类学家以这样的角度来看待宗教：“宗教可以被视为一系列组织起来的、对超自然力量的信仰，这些信仰引导人们理解世界，或者帮助他们处理那些他们认为重要但运用现有组织技术和技巧无法解决的问题。为了克服这些限制，人们求助于超自然的存在和力量，或者试图影响，甚至操纵它们。”[①]这样的理解虽然不能完全概括世界上的所有宗教现象，比如佛教某些派别对自己的定位，但基本上描绘出宗教现象的共有特点：对世俗的超越。超越时空对人的限制，从当下的、瞬间的个体转变为持续的、永恒的、普遍的存在，从有形的、备受困扰的环境进入到无形、不受局限的自由状态，是人类在精神上的一种追求。著名宗教学家伊利亚德认为：“神圣和世俗是这个世界上的两种存在模式，是在历史进程中被人类接受的两种存在状况。……神圣或世界的两种生存样式依赖于人类在这个宇宙中已经占有的不同位置。”[②]人的“生命生活在一个两重化的境界中，它自然地作为人类存在；同时，它又分享着一种超越人类的生命，即宇宙的或者是褚神的生命”[③]。伊利亚德准确地把握了组成宗教的二元结构：神圣与世俗。这一结构是宗教的共性，在一切可观察的宗教都可以发现这种结构的存在，它是宗教组织自身的基本原则。

神圣与世俗是宗教的基本架构原则，它为信仰者提供了一种生存方式，就是人可以通过一定的程序摆脱世俗，走入神圣的境

---

① 威廉·A. 哈维兰. 文化人类学[M]. 瞿铁鹏，译. 上海：上海社会科学院出版社，2005：361.
② 米尔恰·伊利亚德. 神圣与世俗[M]. 王建光，译. 北京：华夏出版社，2002：5.
③ 米尔恰·伊利亚德. 神圣与世俗[M]. 王建光，译. 北京：华夏出版社，2002：95.

界，去体验神圣性的存在。由世俗走向神圣的程序大致由三个方面组成：精神性的教义、行为性的仪式、机构性的组织。

宗教的社会功能复杂多样，有学者将它大致分为：社会整合、社会服务、社会控制、心理调适、文化交往等五个方面。[①] 在这五种功能中，除了社会服务外，其他功能和文化出口都存在着潜在的密切联系。社会整合功能是说宗教可以从价值和行为两个层面整合它的信众，发挥社会组织和社会聚合的作用。社会控制功能指宗教可以从思想和行为上对其信众进行约束和引导；心理调适是指宗教价值观念方面对人的疏导以及相应的心理调整手段；文化交往功能可能是最易被人视而不见的宗教功能。任何一种宗教都会把传播教义、扩大组织作为重要的内容，传播教义、扩张组织的过程本身就是以宗教为内容的文化交流行为。同时，不同宗教、不同教派之间的竞争与斗争也推动了宗教文化的交流。由于宗教是文化的重要内容，文化出口过程中一定会遇到不同的宗教，如何正确认识、尊重、利用宗教的功能是一个重要的课题。

二、宗教的排他与共存

宗教虽然具有文化交流的功能，不同宗教、教派之间的相互交流也不断延续。在吸收、融合其他宗教和世俗文化的同时，宗教又有极强的排他性。其中，一神教的排他性尤为明显。

基督教是在继承古犹太教的基础上发展起来的，在它发展的过程中不断吸收对自身有益的思想营养。它对古犹太教律法的继承，对古希腊哲学体系的融合，对文艺复兴之后人文主义精神的采纳，乃至当代对女权主义思想的接受，对同性恋态度的转变都表明

① 卓新平.“全球化”的宗教与当代中国[M].北京：社会科学文献出版社，2008：198—217.

它是一个不断发展、不断完善自身的宗教。但是，对其他宗教、其他思想体系的吸收并没有抵消其在信仰方面的排他性，并不意味着它在宗教信仰上具有兼容并包的特性。首先，在教义教规上，坚持强调其信仰的唯一性。《圣经・出埃及记》中记载耶和华对着众人颁布了十条戒律，第一条就要求基督徒只可信仰耶和华，不可信仰其他的神灵。其次，在和其他宗教派别的交往中，基督教也表现出了排他性。表现在它对待犹太教的态度上。基督教原本是古代犹太教的一个分支。在它初创时期，大量吸收了犹太教的内容，等到它势力强大之后，基督教的神学家们不仅有意识地剔除犹太教教义，[1]还采用重述历史的方式将犹太教的律法和约法变为基督教的律法和约法，犹太教变成了基督教的一部分，基督教就此取代了犹太教。基督教排斥的不仅是其他宗教，还有威胁到它的思想，这些思想曾被视为异端。“凡不合乎基督教教义的看法或者说法都是异端。”[2]基督教的历史也是一部不断出现异端、和异端斗争的历史，欧洲著名的思想家布鲁诺、哥白尼都曾被斥为异端而受到宗教裁判所的审判。

宗教具有扩张的本性，传教、布道、启慧是各种宗教共同遵守的法则，也是教众的义务和职责。基督教是为了宣扬主的荣耀，佛教将传播宗教教义当作功德无量的布施，赋义不同，宗旨相同，都为了推行本教派认定的真理，尽可能地将自己的信仰推广到每一个人身上，创造出宗教世界中的理想国。一些宗教，特别是世界三大宗教，都曾在宗教势力扩张中取得不同程度的胜利。但是，任何具有强烈排他性的宗教，都没有完成用同一个教义统一世界信仰

---

① 维克多・V. 瑞布里克. 世界古代文明史[M]. 师学良，刘军，等，译. 上海：上海人民出版社，2010：356.

② 徐怀启. 古代基督教史[M]. 上海：华东师范大学出版社，1998：336.

的神圣使命。任何宗教在传播到其他地区的过程中都会遇到当地宗教的抵抗,在一些地区,外来宗教势力无论在思想上还是在体制上不仅无法完全消除本土宗教的影响,甚至还会因此激发本土宗教的排他性,强化了本土宗教的社会整合功能,使人们更愿意聚集在本土宗教的旗帜下。为了突破宗教传播过程中所遇到的地方性障碍,完成传教的目的,一些传教士采用了灵活有效的传播策略。他们根据当地的情况安排传教的内容,让所传的教义、教规融合当地文化,以达到传播的目的。在这种情形下,宗教自身已经进行适应性变迁,发展成为和原来有所区别的宗教派别。这方面最具代表性的是源于印度的佛教在中国发展出禅宗。

传教失败和改变自身这两种情况证明,排他性的宗教无法任意扩张自己的势力,一些地方的本土宗教在保存自己的同时,也会向外扩张。不同宗教、教派之间相互扩张的过程一度引发宗教战争,一些宗教会在战争中被彻底清除,比如古埃及文明中的太阳崇拜;一些宗教会在战争中壮大,比如伊斯兰教、基督教,还有一些会起伏变化。不管怎样,宗教之间的斗争结果是谁也无法完全消除异己的宗教势力,谁都要面对共存的现实。现代社会,政教分离之后,宗教不能利用政治、军事力量进行所谓的"圣战",借助强力来传播教义,只能借助自身给潜在教众提供的思想、生活给养来完成自己的使命。不同宗教之间的竞争变得更加激烈,如何谋求与自身排他性要求相矛盾的共存就成为一个亟待解决的主题。

不同宗教、教派之间的共存为文化传播提供了一定的机会,在共存的前提下,排他性会相对受到抑制,文化出口中,突破宗教壁垒也就有了一定的机会。

三、文化出口中的宗教策略

为了避免宗教信仰的差异引发的出口壁垒，需要在文化产品和服务出口上采取合理的宗教策略。在跨文化交流过程中，对待不同于己的宗教信仰，最核心的概念是尊重。以尊重为核心，大体可以采取利用通则、避免极端和适度相容等几种策略来降低宗教信仰差异可能导致的矛盾与冲突，从而有助于文化出口的顺利进行。

（一）利用不同宗教信仰背后的通则

不同宗教的信仰对象不同，具体的教义、仪轨和组织形式也多种多样。但是，信仰宗教的人却是属于同一物种，这决定了不同宗教在结构和功能上具有一定的相似性，这种相似性以宗教信仰背后的一系列通则表现出来。这些通则是群体性的人类在进化过程中形成的共同遵守的社会规则。

比如基督教的"十戒"中有不可杀人、不可奸淫、不可偷盗等三条戒律，佛教最基本的五条戒律也有这三条：一不杀生，二不偷盗，三不邪淫。《新约·马太福音》中说"无论何事，你们愿意人怎样待你们，你们也要怎么待人，因为这就是律法和先知的道理。(In everything do to others as you would have them to do to you; for this is the law and the prophets.)"，并被视为"黄金律(The Golden Rule)"。中国儒家思想中孔子提出的"己所不欲，勿施于人(《论语·卫灵公》)"这一原则，和西方基督教的黄金律十分契合。之所以出现这种情况，就是不同的人类社会面对着同样的问题，在发展过程中，不同群体找到的最优处理策略在本质上具有极大的相似性，甚至完全相同。这就为宗教信仰背后的相通性提供了理论和现实的依据。宗教思想、宗教律法曾经是人类社会生活的指南，它所提供的行为准则也多是人类社群内部和谐相处的最佳原则，既然不同的宗教在处理相近的问题时提供的策略基本一致，在强调自身独特性和差异性背后隐藏着共通性也就不难理解。

宗教信仰背后的通则可以在很大程度上弥合彼此之间的差异。差异是宗教壁垒出现的主要原因，充分利用不同宗教信仰背后的通则可以消除宗教壁垒的成因，为文化出口创造良好的条件。

（二）避免带来极端宗教色彩的内容

宗教活动本身又是信仰与非信仰、神圣与世俗等多种因素相互交织在一起的社会现象。不同宗教信仰之间的关系错综复杂，排他性让彼此的合作只有在特殊历史时期，特定情境下才可能出现。1937 年之后，救亡图存成为中华民族共同的心声，不同宗教团体之间出现了和解与合作就是一例。除了这些特殊、特定的情形外，历史上的宗教争斗一直存在，除了以保护自己的信仰为目的的精神性的思想斗争外，还会出现战争这一宗教斗争的极端形式。

如果宗教都坚持自己的唯一性，以排他的态度对待其他宗教信仰，人类为了信仰的战争就永远不会止息。那样的话，不同信仰地区的文化交流难以实现，文化出口当然也无从谈起。值得庆幸的是，现代人已经开始挣脱偏狭的宗教观念的束缚。虽然不同宗教之间仍存在竞争，但已经开始以更开阔的胸怀去对待其他宗教。开放的宗教信仰观念为文化交流营造出一定的氛围。推进文化出口必须善于利用这种氛围。建立起兼容并包、相互尊重的宗教观念。具体而言，就是在尊重与理解的前提下，寻找宗教背后的人类价值通则，减少极端宗教色彩的内容，避免引发宗教冲突。

（三）适当采用相容的宗教内容

宗教信仰背后存在着人类活动的通则，文化上、信仰上差异很大的宗教也有彼此相容的部分。这些部分应该是我们在文化出口活动中重视的内容。我国占主导地位的仍是以马克思主义宗教观所倡导的无神论思想。由于无神论思想的影响至深，我国的大部分人并没有宗教情结，在受过高等教育的知识分子中尤其如此。文化内容产品和服务对人的要求比较高，从事文化出口的工作者多数接受过高等教育，对宗教知识、宗教思想的认识可能比较丰富，但宗教体验上却是空白。反映到文化出口中，就是我们出口的文化产品中缺少相关的宗教内容。从积极的角度看，缺少宗教内容正好可以避免引发宗教冲突。从消极的角度看，它让我国的文化产品和服务不符合国外消费者在欣赏文化作品时产生的不自觉的宗教精神（或内容）期待。如果这种期待得不到满足，就会影响到对作品的评价。

宗教内容是西方社会重要的精神内容。尤其基督教的西方社会中，《圣经》是欧美诸国民众解释世界的基本框架。各种现象都可以用《圣经》作为标准参照物来加以理解。这种情形在西方电影中有最直观的反映。从角色看，电影中的超人形象只是宗教传说中救世主的化身；从情节看，许多电影情节只是在重述《圣经》中的故事和传说；从主题看，创世、末世寓言、人性的宗教反思充斥着西方的银幕。由于早期传教士的努力，基督教以适应中国传统文化的模样进入我国，加上中国对宗教文化相对包容，基督教文化已被许多中国人接受。所以，现在我国对包含基督教文化内容的文化产品并无过于明显的抵制心理，也就说，比较容易认同西方的产品。

中国内部对外部宗教文化的认同只是为文化输入打开了窗口。现在中国的文化想要走出去，必须让文化产品流向地区的人们在宗教上不拒绝、不排斥我们提供的文化产品和服务。这要求我们不能完全以世俗的精神来打造文化,还需要从宗教相容性的角度考虑,找到进出口双方在宗教信仰上相容的部分,使之成为宗教文化消费的接入点,从而推动文化出口。

第三节 共享文化符号机制的建构方式

文化壁垒存在于各种类型的社会。人出生以后,以自我为中心来感知周围世界;生活在特定地区、特定族群的人以当地文化为中介和自然、社会环境之间构成互动共生的关系。这种关系一旦确立,就和人的生存本身结合在一起,成为生存的模式,它具体表现为一个地区的文化形态。个体感知的自我性,族群的地域性生存模式很容易造成文化上的我族中心主义,即本族、本地的文化是最适合的文化。文化上的我族中心主义具有极强的排他性,对待任何外来文化,它大多以采取拒斥的原则,以区分我与他,保持"我族"文化的特性。

文化内容产品出口,对输出者而言,是"走出去",对输入者来说,就是"引进来"。当一种相异于自己惯常认知、生存模式的文化进入地方性的文化中时,往往会激起接受者不自觉的文化保护反应,坚持自己原有的文化,对异己的文化产生警惕之心,即便接受,也往往只是抱着旁观者态度的欣赏和把玩。这种情形,在不同时期,不同文化区域都曾反复出现过。

因此,推动文化出口,必须找到不同文化之间的接洽点,也就是创造可共享的文化符号,使输出的文化产品和输入地区的文化之间具备兼容性,从而突破文化壁垒,成功输出文化产品。具体而言,可以从以下几个方面入手来建构有效的共享文化符号机制。

一、发现文化兼容性

建构共享文化符号机制，首先要发现不同文化的兼容性。而寻找文化之间的兼容性，前提是要深入了解、理解双方的文化。这里需要指出人类学经验的重要意义。人类学是理解他者文化的最佳方式。一直以来，我们中国就是西方诸国人类学工作者的田野对象。明代以后，西方传教士在我国的传教活动就起到与人类学工作近似的作用，为西方世界理解中国提供了有益的参照。传教士之后，大量西方人类学者进入中国进行田野调查。直至今天，我国西南的许多地区依然是西方人类学进行实验性写作的乐土。传教士和人类学家的工作成果现在已经成为西方文化产品顺利进入我国的重要参照。文化“走出去”不能一味地做表面文章，也要像人类学家那样，走进他乡的田野，理解他者的文化来为文化出口提供帮助。人类学经验可以在有效交流、材料和咨询以及设计出口模式等方面为文化出口提供相互理解的范本，所以，它可谓文化认同机制建构的第一步。

首先，发现文化兼容性的第一步是加强交流，强调交流过程中对人类学经验的应用。文化出口项目的目标地区往往和本国文化不一致，它们都拥有各自的“地方性知识”。忽视出口流向地在自然条件、社会制度、文化习俗等方面的独特性，从主观意愿出发来设计文化出口方案，很可能导致项目无法顺利完成，严重时还会造成不良后果，让他者失去对中国文化的好感。即使向东亚、东南亚出口文化产品和服务，目标人群也多具有“非我”的特征，在生活方式、思想观念等方面和中国文化之间有着较大差异。在策划文化出口项目时，也要建立在深入交流的基础上，在出口意图、方式、过程等方面达成共识，才可能实现预期的效果。

文化出口不等于文化输出，更不是着意去改变他人，文化出口首先要尊重和理解他者的文化，理解他者对自我的认知与塑造。在文化出口中，双方都应该有所收获。在长期的田野实践中，人类学者们总结出一套行之有效的交流规范和交流技巧，在很大程度上可以解决由文化差异带来的交流难题，更为关键的是当代人类学经验中包含着对被调查者的理解和尊重，强调被调查者与调查者之间的平等地位。这种理念有助搭建通畅的交流平台。建立在充分理解的基础上，文化出口才可能顺利进行。

其次，兼顾主位与客位两种方法，发现跨文化中的相通因素。主位与客位是人类学两种方法，简言之，主位法就是针对特定文化内部的事件进行逻辑与结构上的分析，客位法则是从该文化外部建立参照对象或框架，进行跨文化的比较分析。① 这里强调在分析文化出口地区的文化时，从不同的角度进行观察与分析，主位研究和客位研究两种方法并用。前者将从报道人的文化视角，以报道人的描述和分析作为最终判断，来了解被调查的事物；后者则以研究者的角度，以研究者确定的标准进行分析、归纳和概括。主位研究可以相对准确地了解被调查者的对自身的文化认知；客位研究则可以文化外来者的角度观察被调查的事物，以自身的文化系统来系统整理、分析对象。两者结合形成的认知模式促进了文化视野的融合。采用人类学的调查模式去了解文化出口项目中的目标人群，既可以避免主观臆断，又可以防止完全屈从目标人群的意愿，做出不利的决定。

除了在文化认识方面提供帮助外，人类学在理念、模式上也可以为文化出口提供有效的支持。人类学和文化出口在操作层面存在着很大的差异，前者的目的是求知（关于他者的知识），是认识活

---

① 帕梯·J. 皮尔托，格丽特尔·H. 皮尔托. 人类学中的主位和客位研究法[J]. 胡燕子，译. 民族译丛，1991(4)：20—28.

动;后者是改变(他者),是实践活动。在操作层面的背后,即在价值理念层面,人类学的许多深层经验都值得文化出口借鉴。正如格尔兹所言,每个地区都存在自己的文化之网、环境之网。和“地区”的概念平行,一些特定的群体也拥有自己的文化相似性和文化网络,文化出口的目标人群都生活在这样网络之中。设计文化出口项目、构建出口认同模式时必须充分尊重、认识出口对象生活于其中的自然环境和文化系统,并以此作为设计出口项目的出发点。

中国人类学起步之始就采取了本土化的策略,吴文藻、费孝通、林惠祥等老一代人类学家都将国内地区作为研究的重点,目的是理解我们自身的文化,发现中华民族的族性,以求得增强民族凝聚力的途径。随着时代的变迁,到了我们正视西方,剖析西方文化的时候了。了解西方文化,不应该满足于游记式的笔录、不应该满足于对其现代性的强调,而应该采取人类学的方法,将西方世界作为田野调查的对象,暂时转换文化身份,以西方人的方式去感知、体验西方的文化,从他者的角度认识他者,取得完整、深刻的文化认知和生存体验。一旦将来自他乡的文化体验转换为文化认识或文化自觉,不仅可以站在他者的角度反思我们自己的文化,创造、提升自己的文化内涵,还可以找到中国文化与其他文化的接洽点。当我们把这样的接洽点作为文化产品生产、流通、营销等活动的基础时,就可以突破异国的文化壁垒,将优秀的文化产品输出他国,成功地让文化“走出去”。

二、协调文化异质性

异质性文化因素是指不同文化模式、系统中彼此相异,甚至不相容的内容。文化出口需要在不具有文化同质性的国家或地区之间展开,这决定了文化产品与服务的出口本身即包含了文化异质因素在内。出口方与进口方之间的文化差异会直接影响文化出口的成败。

人类学家露丝·本尼迪克特认为，不同的文化行为“还能被整合。一种文化就像一个人，是思想和行为的一个或多或少贯一的模式。每一种文化中都会形成一种并不必然是其他社会形态都有的独特的意图。在顺从这些意图时，每一个部族都越来越加深了其经验”[①]。当这里的“部族”转换为族群、民族、国家等其他文化共同体的时候，本尼迪克特的结论依然可以成立。当然，成立的前提建立在认识的合理的偏见之上。之所以说是合理的偏见，是指我们在观察其他文化共同体的时候，总会将之视为一个整体来看。这种观念既源于人类追求简化的认知模式，也是受制于建立在这一模式之上的语言。本尼迪克特将一种文化视为一个整体的观点，也是人们日常普遍接受的观念。正是由于在认识中赋予文化整体性的特征，人们才有可能比较两个不同文化系统。不同地区、不同民族之间拥有不同的文化模式也成为文化交流过程中预设的前提。

文化模式形成的原因是多方面。气候、地理、生态等环境因素是文化模式产生的外因，社会的规模、组织方式、文化传统乃至一些偶然性的文化因素构成了文化模式的内因。内外各种因素的复杂组合，以及它们和生活于其中的人的互动，建构出各种文化样态，从而使世界上出现了千差万别的文化模式。不同文化模式之间的差别有可能极其细致，也可能极其宏大；有可能彼此相容，也有可能存在着严重的对立和冲突。东西方在交流文化上的差别就是一例。以中、日、韩为代表的东亚人在和以欧美为代表的西方人

---

① 露丝·本尼迪克特. 文化模式[M]. 王炜，等，译. 北京：生活·读书·新知三联书店，1988：48.

之间进行交际活动时，其交流效果往往出乎双方交流主体的意料。在探究其原因时，爱德华·霍尔发现不同的“语境”是影响交流效果的重要原因。他用“高语境—低语境”这一模式来区分不同文化体系中交流的特点。“所谓高语境交流或高语境信息指的是：大多数信息或存在于物质环境中，或内化在人的身上；需要经过编码的、显性的、传输出来的信息却非常之少。低语境交流正与之相反，就是说，大量信息编入了显性的代码之中。”[①]按照这样的区分，不难理解中国人、日本人与美国人交往时所遇到的文化障碍。在高语境文化中长成的中国人或日本人倾向于将交流信息蕴含于不同情境、社会地位、经验、文化背景中，故而语言表达较少，低语境文化中的美国人则倾向于由交流主体也就是个人用口语或体态语来传递信息。中国人、日本人和美国人在文化交流中的困境，很多就是因为彼此文化中与对方相异的异质性因素造成的。

异质性文化因素至少包括两种情况，一种是本土文化与他者文化之间相异的因素，一种是他者文化中和自己文化相悖的内容。针对不同的情况，应该采用不同的交流策略。对异质性因素认识越充分，越容易正确处理这种异质性因素，就越有利于文化出口。在文化出口中，对待异质性因素的策略既不是强化，也不是消除，而是让它恰当地保持在一定的范围内。从操作层面来考察，可以从三个方面入手来合理处理异质性文化因素的问题。

首先是认识层面，首先要深入、细致地研究异质性的文化因素，形成正确、完整的认识，避免从刻板的印象出发，错误地强调想象出的他者的异质性文化因素，并据此制作出让文化出口流向地区的人难以接受的文化产品。好莱坞动画片《花木兰》就是典型的

---

① 爱德华·霍尔.超越文化[M].何道宽,译.北京：北京大学出版社,2010：82.

案例。美国动画片《花木兰》在处理异质性文化因素时表现得并不理想。《花木兰》取材于中国民间传说“木兰从军”。这一传说在中国家喻户晓，记载这一传说的文献北朝民歌《木兰诗》也是许多中国人熟知的千古名作。千百年来它被改编为民间故事、说唱艺术、戏曲、电影、电视等各种艺术形式，尤其是不同的戏剧剧种都将它作为经典剧目。这些不同的艺术形式，使花木兰的形象深入到每一个中国人的心里。中国人心目中的花木兰形象有着基本的定位：花木兰是一位替父从军、保家卫国、上阵杀敌的女英雄形象。它近乎一种原型根植于一代又一代的中国人心中。好莱坞版的《花木兰》恰恰没有把这一定位作为设计动画人物性格特征的基点，而是完全放弃了花木兰的中国传统形象特质，从对中国传统的女性观念的刻板印象出发，将花木兰柔美的一面作为刻画的重点。并且在情节设计上增加了原本并没有的爱情成分。这就和中国人心目中的花木兰形象形成巨大的反差，从而引起许多中国观众的接受反感。这部动画在中国观众那里口碑不佳，票房表现也不如人意。以主观臆想代替客观事实，对异质性文化因素的错误认识和不当处理应该是这部动画失败的主要原因。

其次，以本土先进文化内容为主导，而不是以与我国文化相异的异质性文化因素为主导来设计文化产品和文化服务。我国文化出口的前提应该建立在自我文化的生产与创造上，是为世界文化消费者提供特殊的文化消费。单纯为了实现出口的经济效益，忽视社会价值，为了迎合出口流向地区的消费需要而进行的文化产品出口，其实是在为其他国家和地区的文化产品和服务提供外包服务。这种现象在我国并不少见，众多国外地区销售的文化产品，其生产、加工地区都在中国，并不能把这些文化产品统计为我国的文化出口。美国的玩具、意大利的纪念品、日本的图书……这些文化消费品中，大量制造于中国。制造地并不能赋予它们中国文化产品的身份。

再次，合理搭配异质性文化元素。文化产品和服务中的异质性因素由本土文化和他者文化共同组成，为了顺利实现文化出口，在正确认识异质性文化因素的前提下，应该适度增加他者文化中的异质性成分，降低本土文化中异质性文化因素，使两者较好地搭配在一起，从而避免引发出口中的文化壁垒。美国的另两部电影《功夫熊猫Ⅰ》和《功夫熊猫Ⅱ》在这方面做得比较成功。这两部动画电影的背景、角色甚至思想内涵都采用了传统中国文化元素。故事的地点发生在四川的青城山，主角熊猫则是可以代表中国形象的国宝级动物，其他角色龟、虎、鹤、蛇、豹、猴子、螳螂等也都与中国传统武术文化有密切的关系，影片在武术文化精神上则浸润着中国道家文化的精神。[1] 正是这些与美国文化异质的中国传统文化内容在很大程度上抵消了好莱坞电影的“文化折扣”。[2] 与此同时，还需要认识到，这部电影在故事情节安排、重点桥段铺设、动作形象设计等诸多方面依然采用的是好莱坞动画片的惯常模式。《功夫熊猫Ⅱ》的导演韩裔美国人詹妮弗·尼尔森谈到这部电影的主题时说：“我是谁，我从哪里来，该如何实现自己的梦想，如何成为英雄？我得承认，完全是西方的故事结构，或者说就是所谓典型的美国梦。”[3]典型的美国梦披上了中国文化的外衣，原本异质性的文化元素合理搭配在一起，让美国的动画电影在特定的海外市场——中国取得了巨大的成功。

---

① 杨晓琼. 解读英文电影《功夫熊猫》对他者文化的认同[J]. 电影文学，2009(21)：104—105.

② Hoskins C, Mirus R. Reasons for the US dominance of the international trade in television programmes[J]. Media, Culture & Society, 1988：499—504.

③ 李东然. 青城山水间重逢神龙大侠[J]. 三联生活周刊，2011(23)：139—141.

为了提高文化商品及服务在其他国家和地区的接受度，合理处理异质性文化因素是一个必要条件。异质性文化因素的表现因文化的复杂性而纷乱，正确处理文化出口中的异质性文化因素还需要在了解的前提下不断实践，探索卓有成效的处理模式。

三、创造文化共通性

创造文化共通性是以人类共命运的理念观照文化创造，在全球化的视野下，创造出具有共享意义的文化符号，这些符号具有跨文化的理解性和接受性，可以让不同文化背景的接受者产生认同感。

创造文化共通性要求文化出口一方首先要具有人类意识。这里所谓的人类意识就是人对自己所属物种的自觉。它是人对自己生物类别与社会属性的明确认知。在这自觉中，包含着归属感、认同感以及差异感。人类意识是人对自我根源追问的回答，也是对自己群体属性的肯定和认同。

从诞生那一刻起，人就具有了人类意识，这种意识将人自身和世界区分开来。有限的资源和极低的利用率让人必须在竞争性环境求得生存，竞争导致了分化和差异。受环境及自身发展所限，人类群体的自然分化是人类维持种族延续的手段之一。分化的群体和平行发展的其他群体如果共同生活在资源有限的环境中，竞争难以避免，自然群体之间矛盾就此产生。随着以血缘关系为纽带产生的群体规模扩张，抢夺资源就成为各个族群的重要任务，族群之间的矛盾也由此而生。资源稀缺是矛盾的诱引，集中群体力量保护资源就成为族群的重要任务，共同的利益凝结出群体凝聚力，在心理层面表现为认同感。人类的早期，认同感和排他意识并存，甚至可以说，排斥其他族群是族群社会维护自己族群凝聚力的一种机制。随着族群的进一步扩张，其他族群的同化过程渐次地发生，共同的民族心理开始取代当初排斥的心理，认同的规模和排他的规模也随之扩展。时至今日，这种现象依然存在。近现代世界民族革命以后形成的国家成为认同和排斥的对象，对自己祖国的认同往往伴随着对其他国家的批评或排斥，人类意识被族群意识、民族意识、国家意识挤出了本该属于它的位置。

对整个人类来说，不同国家、族群的意识属于次一级的范畴。由于各种原因，人类演化进程中，对具体的人而言，次一级的意识更加重要和彰显，国家观念、民族观念都曾让人类的观念退场。这种现象既是历史的事实，也符合人类发展的逻辑。人类受自然环境制约而不得不进行同类相争是历史的真实，但是，历史的发展又带领人走向另一面，那就是对人类意识的尊重。尊重整个人类的观念出现不久，人文主义复兴启蒙了西方文化中对人本身的重视，其后工业革命以及随后的共产主义运动，以及世界范围内的殖民与反殖民斗争的发展，让原本为欧洲准备的人本主义精神普及到全世界。而以博厄斯为首的美国人类学家对文化相对性的强调，对不同文化的尊重，为人类意识的觉醒提供了理论上支持。现在多数人类学家已经接受博厄斯提倡的观点，认为不同类型的文化各有其不可忽视的价值，不同种族的人所创造的文化都值得尊重。尊重文化多样性的观念正在变得越来越普及，在普及文化多样化观念的过程中，人类自身的观念也越来越开放，人类意识会越来越完整，以取代原来的种族主义、民族主义，甚至国家主义的文化观。人类意识的普及为不同文化系统中的人重视自己的文化身份，争取自己的文化权益提供了依据。国际贸易渗透着尊重不同文化的原则，它以法律条文的形式明确下来，为国际贸易中可能遇到的文化纠纷提供了依据，“……WTO 法律的解释，应当根据 VCLTt 第

31(3)(c)条并考虑第19条当中体现的'多样化原则'。第19(2)条说:'每个人都应当有自由表达的权力;这个权力应当包括自由地寻求、接受和传授各种信息和思想,没有疆界的限制,无论口头、书写或印刷,以艺术的形式,或通过其自己选择的任何其他媒介。'"[①]借助对自由表达权的规定,国际社会在处理文化冲突导致的问题上达成一致,就是要尊重文化多样性,尊重不同的文化样态。尊重不同文化样态,也就是尊重创造丰富多彩的文化的人类本身,是对文化整体的尊重,也是人类意识在国际社会中的体现。

人类意识的形成可以为我国文化出口创造机遇。一直以来,中华传统文化不仅具备顽强的生命力,还具有强大的影响力。美国学者贾雷德·戴蒙德就认为:"中国文化的声望值在日本和朝鲜仍然很高,虽然日语中源自中国的书写系统在表达日本语言方面存在着种种缺点,但日本并不打算抛弃它,而朝鲜也只是在不久前才用本国的奇妙的谚文字母取代了笨拙的源自中国的文字。"[②]对周边国家和地区经久不衰的影响既源自地缘因素,还得益于中国传统文化中的"天下"理念,化成天下、泽被四方等包容性极强的传统文化本身就具备向外传播推广的价值取向。这一价值取向使得中华民族面对外来文化时持有包容、开放的心态,也为文化输出提供了驱动力。当前,我国政府实施文化"走出去"的战略,在一定程度上,也是这种包容开放的文化心态的反映。当这种文化心态和人类意识结合在一起的时候,更易采取怀远,而非征服的策略去推广自己优秀文化。在尊重他者文化的前提下,让文化走出去,使文

① 塔尼亚·芙恩. 文化产品与世界贸易组织[M]. 裘安曼,译. 北京:商务印书馆,2010:226—227.

② 贾雷德·戴蒙德. 枪炮、病菌与钢铁:人类社会的命运[M]. 谢延光,译. 上海:上海译文出版社,2006:356.

化他者易于接受。

强调中华文化中存在的利于推广的文化基因时，也不能忽视区分华夷等观念一直存在于许多人的心中。这种抬高本族文化、排斥他族的观念有悖于日益普及的人类意识，不利于我国的文化出口。接受人类意识，发扬传统文化中的天下理念，遏制尊华攘夷的文化自我中心观念是建构文化认同机制的必经之途。

增强人类意识，首先要求我们树立更加开放的全人类文化整体观。文化虽然具有民族性、地区性，呈现出不同的模式，但其整体是由人类这一物种所创造。树立这种整体观有助于我们摆脱文化认同中狭隘的自我中心观念。乔纳森·弗里德曼指出："文明认同有一个特定的结构，它建立在处于中心的自我与被界定成自然、传统文化、野蛮人、力比多的边陲，'外面的远处的'边陲和/或我们内部的边陲之间的对立上。"①弗里曼的论述既非对现状的描述，也不是对未来的预测。而是对人类文明历程中的认同特征的归纳，如果仍以曾经的自我与他者对立的认同观来对待文化，文化出口就会变成一场无法避免的文化冲突。

其次，要遵循人性的共通性原则。对于是否存在共同的人性，曾经展开过激烈的论争。文化贸易发达的时期，有人借文化霸权的理念反对文化的普遍性。这两种反对观点在逻辑上混淆了结构与性状的区别。普遍的人性、文化的普遍性是指在人的心理结构、文化结构上存在着相同、相似和相通性。钱锺书曾说："东海西海，心理攸同。"②就是说东西方在文化心理结构、心理机制以及由此造成的心理功能上具有相同性和相似性。相同的心理机能让人对

---

① 乔纳森·弗里德曼.文化认同与全球性过程[M].郭建如，译.北京：商务印书馆，2003：128.

② 钱锺书.谈艺录：上[M].补订重排本.北京：生活·读书·新知三联书店，2001：1.

外界刺激产生相同的反应，由自然环境和社会环境共同构成的外界刺激源异常复杂，又让这反应千变万化。而地理、气候等自然条件的相似性，以及群体内部的文化传承机制，简化了或者说类型化了个体反应变化的多样性，形成了相对稳定的共同模式，共享相似文化模式的人们一起共同组成了文化共同体。文化共同体的形成并非想象的产物，而是人类族群之间斗争、交流、融合的结果，是人类演化的历史结晶。随着人类应对环境变化的手段的提高，可以共享的科学技术成为人类共同的财富。人类共享的文化成果越丰富，人性的共通性就会表现得越明显。表现人类共通性的文化内容可以为不同文化环境中的人所接受。因此，构建文化出口中的认同机制，就以人性的共通性为指导原则。

再次，在共通性的指导下，创造人类可共享价值的符号性表达。在倡导和推动我国的文化出口时，必须意识到任何一种文化都是全人类的财富。向其他国家和地区出口文化产品和服务，不仅仅是赚取利润，也不仅仅是推广文化，还是在向其他文化系统中生活的人提供文化财富。

为了提高文化出口，也需要从创造共享价值的角度出发来设计文化产品和服务。这一点美国的电影出口最具代表性。好莱坞的电影出口到世界各地，一方面在于它所采用的全球化市场战略，另一方面则是在这一战略下的跨文化表达，创造出不只是给美国观众看的电影，从而使美国电影具有了一定的普遍性。好莱坞电影的娱乐化、程式化以及形式化备受各界的批评，但全球观众仍然乐此不疲地走进影院去观看优秀的好莱坞电影。[①] 2017 年皮克斯出口的动画电影《寻梦环游记》就是这样一部优秀之作。它以墨西

---

① 诺文·明根特. 好莱坞如何征服全世界：市场、战略和影响[M]. 吕妤，译. 北京：商务印书馆，2016：171.

哥亡灵节为背景，以死亡为题材，以亲情为主题，以地狱巡游为情节，以动画奇观为表现手法，把这些元素巧妙地融为一体，赢得了不同文化背景的观众的喜爱与赞叹。

表达共通的人性的作品并不局限于电影，在其他文化艺术门类中也屡见不鲜。我国旅美画家丁绍光自 1993 起，连续三年被评选为联合国代表画家，是 1995 年联合国表彰的联合国成立 50 年以来 29 位当代艺术大师中唯一的亚洲艺术家，他的画作被上百个国家和地区收藏。丁绍光的画作之所以能够受到世界各国的推崇，重要的原因就是他的画作中传递出普遍性的价值观。他所创作的许多作品带有强烈的民族风格，将我国西双版纳的风情和永恒的境界结合在一起，以民族艺术的形式传递纯洁、母爱、爱情等普遍的人类价值。① 丁绍光创造的充满我国西双版纳地区民族风情的艺术符号，传达的是全球共享的价值理念、审美趣味。

丁绍光的成功表明我国完全可以推出让世界人民喜爱的文化产品和文化服务，前提是要以他们为服务对象，以普遍性的价值观为导向。实际上，我国在文化产品和文化服务的创作与生产上，还缺乏人类意识，没有以全人类为对象进行生产，而是希望以我国传统文化的精粹来打动文化他者，以至于生产出不受其他国家消费者关注的文化产品。这是在曲解了“民族的就是世界的”这句话的含义后的错误选择。我们必须清楚，民族的并不等于世界的。民族的文化属于世界文化整体的一部分，在这层意义上它具有世界性，具有其不可替代的价值。民族文化中的某些文化元素可能具有普遍性，能为世界共享，这些正是文化出口中需要不断强化、丰富的内容。即便是原本缺少普遍性的文化符号资源，也要从创新

---

① 李冰. 中国首先要解决当代艺术的标准问题：旅美艺术家丁绍光先生访谈录[J]. 文艺研究，2011(11)：63—71.

的角度考虑，创造出具有文化共通性的文化符号产品和文化服务。只有这样，我国的文化出口才可以突破文化壁垒，创造出为世界各族人民喜闻乐见的文化符号产品。

建构共享符号机制是克服多种障碍的复杂过程，它不仅要求我们具有强大的文化符号生产能力，还要求我们把文化创造力提升到前所未有的高度。这里仅从宏观的角度阐述了一些可行的操作原则。在具体实施的过程中，要求创作、生产、推广等每一个环节具有国际水准，它需要落实到方法、细节、人员等各个不同要素中。完成这样的工作不仅需要提高认识，还要需要长期的实践、不懈的努力。在交通与通信都日益发达的当代社会，“地球村”已经由概念成为现实，每个人都是这一村落中的居民，我们原本就共享着许多物质与精神财富。这些既是文化共享符号机制的前提，也为创造共享文化符号提供了可以借鉴的道路。发挥我们的聪明才智，创造出为世界人民共享的文化也是中华民族的历史使命。

结　　论

人类的历史看似漫长，实则短暂，人类的文化发展则更为短暂。不同类型的文化命运各异。一些文化消失在历史长河中，一些文化成为后代承继的遗产，还有一些变成了无法解读的标本。那些能够延续至今的文化是各种生存契机汇合的结果，其中，文化交流是不可或缺的条件，它们通常是在交流中提高了适用度，增强了生命力，成为当今人类共同的财富。

在信息全球化、文化商品化的当代社会，文化出口是对外文化交流的重要形式。它的终极目的应该是推动文化交流，增强我国文化的创新力和生命力。当前文化出口成为时代潮流，国家、地方政府、各种组织乃至个人都在为文化出口的发展提供多种多样的支持。从总体情况来看，作为内容，以符号为表征的文化出口所占比例过低，这表明我国文化产品和文化服务在国际市场中缺乏竞争力。原因是多方面的，作为国际文化贸易的后入者，我国文化出口在产品、运营、人才、品牌等诸多方面都存在着后发劣势，提高的途径也应该从这些方面逐一入手进行开拓。除此之外，从消费市场的角度，从消费者接受的角度考察，认同问题是文化出口必须解决的问题。政治、宗教以及文化等诸多方面的差异会造成各种壁垒，阻碍我国的文化出口。为突破这些无形的壁垒，有必要从增强认同能力的角度来推动我国文化出口，建构文化出口中的认同机制就成为当务之急。

我们提出从条件建构、理解包容宗教信仰、创造共享符号等三个方面入手建构认同机制，为文化出口的成功实施提供了一种相对可行的思路。文化认同的实现以接受者既有社会心理的改变为前提，这需要时间。然而，认同一旦建立起来，所维持的时间也相对较长。它有助于让我国文化产品和文化服务的国际消费者形成消费忠诚度，有利于文化出口的持续进行。因此，加大力度，推动认同机制的建构对文化出口有着非常积极的意义。

参考文献

一、著作

[1] 阿尔文·托夫勒. 权力的转移[M]. 吴迎春,傅凌,译. 北京：中信出版社,2006.

[2] 阿尔都塞. 哲学与政治：阿尔都塞读本[M]. 陈越,编译. 长春：吉林人民出版社,2003.

[3] 安东尼·吉登斯著,西蒙·格里菲斯协助. 社会学[M]. 5 版. 李康,译. 北京：北京大学出版社,2009.

[4] 爱德华·霍尔. 超越文化[M]. 何道宽,译. 北京：北京大学出版社,2010.

[5] 班建武. 符号消费与青少年身份认同[M]. 北京：教育科学出版社,2010.

[6] 滨下武志. 近代中国的国际契机：朝贡贸易体系与近代亚洲经济圈[M]. 朱荫贵,欧阳菲,译. 北京：中国社会科学出版社,1999.

[7] 陈柏福. 我国文化产业“走出去”发展研究：基于文化产品和服务的国际贸易视角[M]. 厦门：厦门大学出版社,2011.

[8] 车文博. 弗洛伊德文集：第 6 卷[M]. 长春：长春出版社,2004.

[9] 丹尼尔·贝尔. 后工业社会的来临：对社会预测的一项探索[M]. 高铦，王宏周，魏章玲，译. 北京：新华出版社，1997.
[10]《第欧根尼》中文精选版编辑委员会. 文化认同性的变形[M]. 北京：商务印书馆，2008.
[11] 恩斯特·卡西尔. 人论[M]. 甘阳，译. 上海：上海译文出版社，1985.
[12] 风笑天. 社会学研究方法[M]. 2版. 北京：中国人民大学出版社，2005.
[13] 菲利普·D. 柯丁. 世界历史上的跨文化贸易[M]. 鲍晨，译. 济南：山东画报出版社，2009.
[14] 菲利普·科特勒. 营销管理[M]. 13版. 王永贵，何佳讯，陈荣，译. 上海：格致出版社，上海人民出版社，2009.
[15] 高占祥. 文化力[M]. 北京：北京大学出版社，2011.
[16] 葛兆光. 宅兹中国：重建有关"中国"的历史论述[M]. 北京：中华书局，2011.
[17] 郭齐勇，郑文龙. 杜维明文集：第1卷. 武汉：武汉出版社，2002.
[18] 韩骏伟，胡晓明. 国际文化贸易[M]. 广州：中山大学出版社，2009.
[19] 贾雷德·戴蒙德. 枪炮、病菌与钢铁：人类社会的命运[M]. 谢延光，译. 上海：上海译文出版社，2006.
[20] 江蓝生，谢绳武，张晓明，等. 2009年中国文化产业发展报告[R]. 北京：社会科学文献出版社，2009.
[21] 克莱德·M. 伍兹. 文化变迁[M]. 何瑞福，译. 石家庄：河北人民出版社，1989.
[22] 克利福德·吉尔兹. 地方性知识：阐释人类学论文集[M]. 王

海龙，张家瑄，译. 北京：中央编译出版社，2000.
[23] 劳伦·勃兰特，托马斯·罗斯基. 伟大的中国经济转型[M]. 方颖，等，译. 上海：格致出版社，上海人民出版社，2009.
[24] 李怀亮. 国际文化贸易导论[M]. 北京：中国传媒大学出版社，2008.
[25] 李思屈. 文化产业概论[M]. 杭州：浙江大学出版社，2007.
[26] 联合国教科文组织. 世界文化报告(2000)：文化的多样性、冲突与多元共存[M]. 关世杰，等，译. 北京：北京大学出版社，2002.
[27] 凌纯声，林耀华. 20 世纪中国人类学民族学研究方法与方法论[M]. 北京：民族出版社，2003.
[28] 露丝·本尼迪克特. 文化模式[M]. 王炜，等，译. 北京：生活·读书·新知三联书店，1988.
[29] 罗能生. 全球化、国际贸易与文化互动[M]. 北京：中国经济出版社，2006.
[30] 马尔库斯，迈尔斯. 文化交流：重塑艺术和人类学[M]. 阿嘎左诗，梁永佳，译. 广西：广西师范大学出版社，2010.
[31] 麦克卢汉. 理解媒介：论人的延伸[M]. 何道宽，译. 北京：商务印书馆，2000.
[32] 米尔恰·伊利亚德. 神圣与世俗[M]. 王建光，译. 北京：华夏出版社，2002.
[33] 欧文·拉兹洛. 多种文化的星球：联合国教科文组织国际专家小组的报告[M]. 戴侃，辛未，译. 北京：社会科学文献出版社，2001.
[34] 帕特里克·贝尔特. 二十世纪的社会理论[M]. 瞿铁鹏，译. 上海：上海译文出版社，2005.

[35] 祁述裕. 中国文化产业国际竞争力报告[M]. 北京：社会科学文献出版社，2004.
[36] 祁述裕. 中国文化产业发展战略研究[M]. 北京：社会科学文献出版社，2008.
[37] 乔纳森·弗里德曼. 文化认同与全球性过程[M]. 郭建如，译. 北京：商务印书馆，2003.
[38] 钱锺书. 谈艺录：补订重排本(上)[M]. 北京：生活·读书·新知三联书店，2001.
[39] 斯科特·拉什，卢瑞. 全球文化工业：物的媒介化[M]. 要新乐，译. 北京：社会科学文献出版社，2010.
[40] 斯蒂芬·范埃弗拉. 政治学研究方法指南[M]. 陈琪，译. 北京：北京大学出版社，2006.
[41] 史蒂夫·奥尔森. 人类基因的历史地图[M]. 霍达文，译. 北京：生活·读书·新知三联书店，2008.
[42] 单波. 跨文化传播的问题与可能性[M]. 武汉：武汉大学出版社，2010.
[43] 邵培仁，等. 媒介理论前沿[M]. 杭州：浙江大学出版社，2009.
[44] 苏国勋，张旅平，夏光. 全球化：文化冲突与共生[M]. 北京：社会科学文献出版社，2006.
[45] 塔尼亚·芙恩. 文化产品与世界贸易组织[M]. 裘安曼，译. 北京：商务印书馆，2010.
[46] 汤林森. 文化帝国主义[M]. 冯建三，译. 上海：上海人民出版社，1999.
[47] 特茨拉夫. 全球化压力下的世界文化[M]. 吴志诚，韦苏，陈宗显，译. 南昌：江西人民出版社，2001.

[48] 威廉·A. 哈维兰. 文化人类学[M]. 瞿铁鹏，译. 上海：上海社会科学出版社，2006.
[49] 文化部文化产业司. 文化产业政策汇编[M]. 北京：文化部文化产业司，2004.
[50] 王明珂. 华夏边缘：历史记忆与族群认同[M]. 台湾：允晨文化实业股份有限公司，1997.
[51] 维克多·V. 瑞布里克. 世界古代文明史[M]. 师学良，刘军，等，译. 上海：上海人民出版社，2010.
[52] 王治河. 福柯[M]. 长沙：湖南教育出版社，1999.
[53] 许慎. 说文解字[M]. 北京：中华书局，1963.
[54] 徐中舒. 甲骨文字典[M]. 成都：四川辞书出版社，1989.
[55] 徐怀启. 古代基督教史[M]. 上海：华东师范大学出版社，1998.
[56] 薛荣久. 国际贸易[M]. 北京：对外经济贸易大学出版社，2008.
[57] 闫玉刚. 国际演出与文化会展贸易[M]. 北京：中国传媒大学出版社，2008.
[58] 俞吾金. 意识形态论[M]. 上海：上海人民出版社，1993.
[59] 约翰·布克. 剑桥插图宗教史[M]. 王立新，石梅芳，刘佳，等，译. 济南：山东画报出版社，2005.
[60] 中华人民共和国文化部对外文化联络局(港澳台办)，北京大学文化产业研究院. 中国对外文化贸易年度报告(2010)[M]. 北京：北京大学出版社，2011.
[61] 周振甫. 周易译注[M]. 北京：中华书局，1991.
[62] 张晓明，胡惠林，章建刚. 2001—2002 年：中国文化产业发展报告[M]. 北京：社会科学文献出版社，2002.

[63] 张晓明，胡惠林，章建刚. 2010 中国文化产业发展报告[M]. 北京：社会科学文献出版社，2010.
[64] 郑也夫. 信任论[M]. 北京：中国广播电视出版社，2001.
[65] 卓新平. "全球化"的宗教与当代中国[M]. 北京：社会科学文献出版社，2008.
[66] Adorno T W. Culture industry reconsidered[M]//Bernstein J M. The culture industry: selected essays on mass culture. London: Routledge, 1991.
[67] Cateora P R. International marketing[M]. 7th ed. New York: McGraw-Hill Education, 2016.
[68] Corral M d. Culture, trade and globalization: questions and answers[R]. Paris: UNESCO Pub, 2000.
[69] Edgar F. Borgatta and Rhonda J. V. Montgomery. Encyclopedia of Sociology [M]. 2nd ed. Volume 2. Macmillan Reference USA, 2000.
[70] Holt D B, Cameron D. Cultural strategy: using innovative ideologies to build breakthrough brands [M]. Oxford: Oxford University Press, 2010.
[71] Kotler P, Keller K L. Marketing management[M]. 15th ed. Global edition. Boston: Pearson, 2016.
[72] Porter M E. Competitive advantage: creating and sustaining superior performance : with a new introduction [M]. 1st Free Press. New York: Free Press, 1998.
[73] Straubhaar J LaRose R, Davenport L. Media now: understanding media, culture, and technology[M]. 7th ed. Wadsworth, Cengage Learning, 2012.

[74] UNESCO Institute for Statistics. The globalisation of cultural trade: a shift in consumption international flows of cultural goods and services 2004—2013 [R]. Montreal: 2016.

[75] World Bank Group, Nihon BōEki Shinkō Kikō, Organisation for Economic Co-Operation and Development, et al. Measuring and analyzing the impact of GVCs on economic development: global value chains development report 2017 [M]. Washington, DC: World Bank Group. 2017.

二、期刊、报纸、学位论文

[1] 柏贵喜. 民族认同与中华民族认同浅论[J]. 西南民族大学学报(人文社会科学版),2011(11): 34—39.

[2] 贝兆健. 推动上海文化贸易出口的对策与思考[N]. 中国文化报,2004-11-30.

[3] 操慧. 论新闻传播对社会认同感的建构[J]. 郑州大学学报(哲学社会科学版),2011(2): 126—130.

[4] 曹卫东. 从"认同"到"承认"[J]. 人文杂志,2008(1): 42—48.

[5] 曹麦,苗莉青. 文化距离、制度距离对中国文化服务出口的影响[J]. 商业时代,2013(6): 63—64.

[6] 柴宝勇. 政党认同研究在中国: 综述与评价[J]. 社会主义研究,2007(4): 142—146.

[7] 陈力丹. 马克思、恩格斯论交往的认同心理[J]. 新闻与传播研究,1990(1): 15—30.

[8] 陈旭光. 中国电影大片的海外市场推广及其策略[J]. 现代传

播(中国传媒大学学报),2011(3):59—63.
[9] 程娟.文化距离与中国文化创意产品出口[D].广州:广东外语外贸大学,2014.
[10] 程曼丽.为什么中国文化产品出口难:由电影《功夫熊猫2》上映想到的[J].新闻与写作,2011(7):65—66.
[11] 褚薇薇.韩国文化贸易的成功对中国的启示[D].大连:东北财经大学,2007:16—21.
[12] 大正.日本文化厅实施文学出口工程[J].出版参考,2002(11):34.
[13] 樊昌志,童兵.社会结构中的大众传媒:身份认同与新闻专业主义之建构[J].新闻大学,2009(3):22—29,9.
[14] 樊艳茹.文化距离对中国核心文化商品进、出口贸易的影响分析[D].成都:西南财经大学,2013.
[15] 范中杰.论青少年的成长认同[J].教育评论,1996(4):22—24.
[16] 冯小钉.语言消亡与保护语言多样性问题的研究评述[J].安徽大学学报(哲学社会科学版),2003(3):71—74,78.
[17] 葛志玉.三大劣势制约我国文化出口[N].中国经济导报,2005-07-23(B1).
[18] 郭玉晗.文化距离对中国核心文化产品出口贸易的影响分析[D].济南:山东大学,2015.
[19] 韩素梅.国家话语、国家认同及媒介空间:以《人民日报》玉树地震报道为例[J].国际新闻界,2011(1):48—53.
[20] 侯泽敏,李书慧,孙志国,等."文化折扣"对我国电影出口的影响研究[J].中国市场,2012(44):18—19,42.
[21] 花建.发展中国对外文化贸易的战略视野[J].探索与争鸣,

2005(6)：44—46.
[22] 黄克剑."文化认同"和儒学的现代命运：评杜维明《儒学第三期发展的前景问题》[J].读书，1988(3)：18—26.
[23] 贾佳，于思齐.文化折扣视角下我国纪录片出口的困境与对策[J].对外传播，2016(7)：60—62.
[24] 蒋晓梅.中国对外文化贸易的现状、原因与对策[J].辽宁工程技术大学学报(社会科学版)，2007(3)：178—280.
[25] 李东然.青城山水间重逢神龙大侠[J].三联生活周刊，2011(23)：139—141.
[26] 李彪.文化产业概念的演变及其基本特征分析[J].湖南科技学院学报，2009(9)：119—121.
[27] 李冰.中国首先要解决当代艺术的标准问题：旅美艺术家丁绍光先生访谈录[J].文艺研究，2011(11)：63—71.
[28] 李春华，刘红霞.媒介体育与国家认同：国外相关研究综述[J].北京体育大学学报，2007(4)：467—469.
[29] 李帆.辛亥革命时期的"夷夏之辨"和民族国家认同[J].史学月刊，2011(4)：20—23.
[30] 李怀亮.国际文化贸易格局下的中国文化出口策略[J].现代经济探讨，2008(3)：73—77.
[31] 李舫."文化折扣"阻碍中国电影运行[N].人民日报，2012-02-24(17).
[32] 李清亮.我国文化产品出口现状分析及政策研究[J].中国改革，2009(8)：75—77.
[33] 李志鹏，吴沛桦.提升我国文化产业出口水平的建议[J].当代经济，2009(3)：90—91.
[34] 李雍.我国国际文化贸易发展现状逆差及对策研究[J].今日

南国(理论创新版),2009(7):109—110.
[35] 李雍.我国国际文化贸易逆差原因探讨[J].现代商贸工业,2009(15):106—107.
[36] 缪凯,姚拓洲.我国对外文化贸易逆差的原因及应对[J].理论前沿,2009(5):33—35.
[37] 缪凯,姚拓洲,郭新茹.我国对外文化贸易逆差的原因及应对[J].特区经济,2009(6):200—201.
[38] 林彦群.战后新、马华人"文化认同"问题[J].南洋问题研究,1986(4):72—83.
[39] 刘婷.我国对外文化贸易的现状、问题及对策研究[J].黑龙江对外经贸,2009(3):44—47.
[40] 卢锋.中美经济外部不平衡的"镜像关系":理解中国近年经济增长特点与目前的调整[J].国际经济评论,2008(6):19—27.
[41] 罗以澄,司景新.制造认同:大众传媒对国际冲突的再现[J].新闻与传播研究,2006(1):58—63,95.
[42] 马长军.垃圾产品堆出了第一动漫大国[N].中国青年报,2011-05-05(2).
[43] 马惠兰,陈茂荣.论民族认同与国家认同一体化路径选择[J].中南民族大学学报(人文社会科学版),2011(4):7—10.
[44] 欧阳宏生.认知与认同:中国电视的文化身份[J].国际新闻界,2007(6):21—25.
[45] 秦可德,秦月,徐长乐,等.文化距离与出口贸易地理方向变化实证研究:基于中国数据的分析[J].地域研究与开发,2014(1):12—16.
[46] 阮宏波.大众传媒与政党认同的关系分析[J].中共中央党校

学报,2012(2):28—31.
[47] 盛芳.对外传播中的文化认同困境:以《人民日报·海外版》为例[J].传媒观察,2011(12):36—37.
[48] 苏雨濛.文化折扣视角下的中国电影国际化之路[D].武汉:华中师范大学,2017.
[49] 孙玮."我们是谁":大众媒介对于新社会运动的集体认同感建构——厦门PX项目事件大众媒介报道的个案研究[J].新闻大学,2007(3):140—148.
[50] 唐斌."双重边缘人":城市农民工自我认同的形成及社会影响[J].中南民族大学学报(人文社会科学版),2002(S1):36—38.
[51] 田晖,颜帅.文化距离对中国文化产品出口的影响研究:基于三元边际的实证考察[J].经济经纬,2015(6):71—77.
[52] 王长路.文化出口战略下的韩流[N].中国妇女报,2006-01-02(1).
[53] 王付欣,易连云.论民族认同的概念及其层次[J].青海民族研究,2011(1):36—39.
[54] 王庆兵.从历史制度主义路径看英、美两国政党认同的转换[J].经济社会体制比较,2004(4):80—86.
[55] 王庆兵.试析政党认同的功能与构建途径[J].广西社会科学,2004(8):17—20.
[56] 王雪野.文化创新与发展对外文化贸易[J].理论前沿,2006(14):37—38.
[57] 魏晓薇.第二届深圳文博会进入攻坚阶段千方百计推动中国文化产品出口[M].中国新闻出版报,2006-02-24(1).
[58] 文绮,荣强,车俏冰.深圳文化产品出口欧美[M].中国税务

报,2006－05－26(2).
[59] 夏茂盛.韩国文化产品出口大幅增长[N].光明日报,2003－02－25.
[60] 谢明.试论法国大众传媒与法兰西文化保护政策的互动关系[D].北京:中国社会科学院,2005:23.
[61] 谢晓芹,易锐.论当前我国对外文化贸易逆差问题[J].经济论坛,2008(14):57—59.
[62] 许小青.辛亥革命与近代民族国家认同[J].史学月刊,2011(4):23—26.
[63] 徐剑.韩国数字娱乐产业人才培养模式的借鉴与思考[J].游戏创造,2005(9):23—25.
[64] 徐元国,徐心楚.国家文化维度、电影市场信号与票房绩效:基于HLM模型的实证分析[J].国际贸易问题,2015(12):15—26.
[65] 薛泓秀.文化"出口"要"投其所好"[N].2008－05－10(4).
[66] 杨柏峰.中美国际文化贸易的比较分析[J].科技经济市场,2007(2):110—112.
[67] 杨林.《亡命天涯》:首部引进的好莱坞大片[J].传承,2009(1):14.
[68] 杨晓琼.解读英文电影《功夫熊猫》对他者文化的认同[J].电影文学,2009(21):104—105.
[69] 杨绪盟.政党认同研究述评[J].理论前沿,2006(21):46—47.
[70] 叶琳,王增涛,王玉苹,等.文化折扣对我国文化产品出口贸易的影响[J].文化产业研究,2015(2):138—151.
[71] 尹继武.国际关系中的信任概念与联盟信任类型[J].国际论

坛. 2008(2): 55—61,81.
[72] 曾麒玥,龚璞. 文化距离对中国核心文化产品出口集中度的影响研究: 以"一带一路"沿线国家为例[J]. 国际商务(对外经济贸易大学学报),2017(5): 31—41.
[73] 詹小美,王仕民. 论民族文化认同的基础与条件[J]. 哲学研究,2011(12): 115—119.
[74] 张帆. 文化贸易与文化认同[J]. 思想战线,2007(3): 94—98.
[75] 张颖. 中国文化创意产品出口战略研究[J]. 当代经济管理,2010(1): 51—54.
[76] 张力文. 世界动漫产业研究[J]. 今传媒. 2011(4): 61—63.
[77] 张玉玲. 海外收购剧院: 立得住的一步——《功夫传奇》正式驻演美国布兰森白宫剧院[N]. 光明日报,2010-07-04(2).
[78] 赵汀阳. 认同与文化自身认同[J]. 哲学研究,2003(7): 16—22.
[79] 郑洁. 文化部扶持"文化出口"五年规划出炉[N]. 北京商报,2011-04-11(A4).
[80] 郑剑. 发展相互信任防止国际危机[J]. 现代国际关系,1998(8): 38—40.
[81] 郑坚. 时政期刊的主流意识及其阶层认同: 以《南风窗》为例[J]. 新闻界,2007(6): 43—45.
[82] 郑晓云. 中华民族认同与中华民族 21 世纪的强盛: 兼论祖国统一[J]. 云南社会科学,2002(6): 53—57, 64.
[83] 中国文化出口对策研究课题组. 中国文化出口对策研究[J]. 国际贸易,2007(11): 24—27.
[84] 钟晓玥. 消费成瘾性、文化折扣与中国核心文化产品出口[D]. 武汉: 华中科技大学,2016.

[85] 周铁东. 法国电影的海外推广[J]. 大众电影,2011(14): 61.
[86] 周婷. 文化出口: 民族的才是世界的[N]. 中国证券报,2011-10-26(A10).
[87] 周卓. 论加强文化用品出口企业的品牌建设[J]. 中国制笔,2009(2): 30—33.
[88] 邹超,尹秀艳. 我国电影产业出口贸易中文化折扣现象分析[J]. 财经理论研究,2013(2): 82—86.
[89] 邹超,庞禛. 我国电影出口贸易中文化折扣的成因、影响及对策分析[J]. 北京城市学院学报,2013(5): 39—44.
[90] 邹震. "认同感"在新闻中的作用: 评介西方记者写中国的两篇特稿[J]. 国际新闻界,1984(1): 41—45.
[91] Don F G. On the Identity Theory[J]. Analysis, 1963, 24(2): 30—32.
[92] Gleason P. Identifying Identity: A Semantic History[J]. The Journal of American History, 1983, 69(4): 910—931.
[93] Hoskins C, Mirus R. Reasons for the US dominance of the international trade in television programmes[J]. Media, Culture & Society, 1988: 499—504.
[94] Hogg M A, Terry D J. Social Identity and Self-Categorization Processes in Organizational Contexts[J]. The Academy of Management Review, 2000, 25(1): 121—140.
[95] Huddy L. From Social to Political Identity: A Critical Examination of Social Identity Theory[J]. Political Psychology, 2001, 22(1): 127—156.
[96] Munsat S. Logical Types and the Identity Theory: A Reply

[J]. Philosophy and Phenomenological Research, 1972, 32(4): 565—568.
[97] Nye J S, Jr. Soft Power[J]. Foreign Policy, 1990(80): 153—171.
[98] Stets J E, Burke P J. Identity Theory and Social Identity Theory[J]. Social Psychology Quarterly, 2000, 63(3): 224—237.
[99] Sheldon S, Burke P J. The Past, Present, and Future of an Identity Theory[J]. Social Psychology Quarterly, 2000, 63(4): 284—297.

三、网络文献

[1] 白瀛. 电影局：2011 年中国电影海外票房同比下降[N/OL]. http://news.xinhuanet.com/zgjx/2012-01/10/c_131351864.htm.
[2] 黄浩苑. 从突然"井喷"到集体"沉寂"中国动漫怎么了？[EB/OL]. http://news.xinhuanet.com/2011-05/17/c_121424560_3.htm.
[3] 胡锦涛. 在中国文联第八次全国代表大会、中国作协第七次全国代表大会上的讲话[R/OL]. 2006-11-11. http://cpc.people.com.cn/GB/64093/64094/5026509.html.
[4] 胡锦涛. 高举中国特色社会主义伟大旗帜 为夺取全面建设小康社会新胜利而奋斗——在中国共产党第十七次全国代表大会上的报告[R/OL]. 2007-10-15. http://news.xinhuanet.com/newscenter/2007-10/24/content_6938568_6.htm.

[5] 广电总局：2009 中国影视节目出口 5 889 万美元[EB/OL]. http://www. scio. gov. cn/xwfbh/gbwxwfbh/xwfbh/gdzj/201003/t579906. htm.
[6] 邱观史. "十一五"时期新闻出版业总资产总产出总销售翻番[N/OL]. http://news. china. com. cn/2011 - 02/28/content_22017256. htm.
[7] 邵丽蓉. 动漫专业就业有多难[N/OL]. 上海人才市场报，2011 - 05 - 14. http://www. china91. com/elepaper/epaper. asp? No=1680&colid=68&resourceid=40838.
[8] 习近平. 决胜全面建成小康社会　夺取新时代中国特色社会主义伟大胜利——在中国共产党第十九次全国代表大会上的报告[R/OL]. 2017 - 10 - 27. http://www. gov. cn/zhuanti/2017 - 10/27/content_5234876. htm.
[9] 张帆. 解读文化软实力：法国政府的文化政策[N/OL]. 中国社会科学报，2010 - 10 - 21. http://www. cass. net. cn/file/20101021285523. html.
[10] 中华人民共和国国民经济和社会发展第十二个五年规划纲要[R/OL]. http://www. gov. cn/2011lh/content_1825838_11. htm.
[11] 朱美虹. 2011 境外市场青睐国内都市生活剧：《蜗居》热港台，《裸婚》销海外[N/OL]. 新闻晨报，2012 - 04 - 17(B04). http://ent. 163. com/12/0417/07/7V9B5UUC00032DGD. html.
[12] 2010 年我国影视文化产品和服务出口创历史新高[J/OL]. 中国广播影视，2011 - 05 - 16. http://www. crftv. com/showNewsInfo. asp? NewsID=6781&borderid=16.

后　记

本书是在博士后出站报告的基础上完成的。离开复旦大学新闻学院新闻传播学博士后流动站，一晃六年时光过去了。六年里对那份报告甚少关注，一是工作和其他琐事缠身，无暇顾及；一是前人所言“颇悔少作”的心理作祟，怀疑当年匆匆完成的文稿的价值。更可能的原因大概是受困于一个懒字。

懒人幸遇执鞭者。去年春天，刘轶研究员建议我对它进行修改整理，作为学校资助的文化产业研究高地项目中的成果出版。当时想这是件大好事，既是对自己的督促，也可趁机修正当初遗留的问题。可是一旦打开当年写就的文字，就见错漏满屏，不堪卒读，灰心之感难以言表。好在有刘轶在一旁坚持不懈地“耳提面命”。修改之事虽一拖再拖，却也不得不硬着头皮，挤时间静下心来革自己的命。

等到重启工作，梳理资料，实地调研，才发现无论在实践层面，还是研究领域，文化出口面临的根本问题不仅没有得到解决，反而更加突出。比较起来，国外消费者依然鲜少购买或消费我国出口的文化内容（符号）类产品或服务。这种现象还随着我国文化出口整体成绩的增长而显得更加突出。于是，推动文化认同机制的建构不仅学术意义仍在，还亟待有人具体实践。笔者才疏学浅，只能是提出问题,抛砖引玉,期待出现更多研究,推动我国文化出口的发展。

从事博士后研究工作期间,有幸请得李良荣老师做指导老师。李师的谆谆教导、悉心关怀是自己一生的财富。“给大学老师当老师,不提高自己的学术水平,怎么在高校立足?”当年李老师不经意讲的这句话时常会在耳边响起。扪心自问,自己的学术水平和老师的要求距离尚远,心生愧疚,却也逼得自己不断读书学习。出站后,曾数度去看望李老师。每次见面,都好像是去抢了他的时间。但是李老师有求必应,对我的支持一如既往。作为晚辈,有几次也会客套般地对老师说:“李老师,您这么忙,多保重身体。”李老师的回答总是:“我身体很好,睡得很好。”古人云,至人无梦。睡得好不正是李老师人生境界的写照?

见贤思齐,文轻道远。篇末缀言,聊表谢意。感谢李老师,感谢提出宝贵建议的刘海贵以及其他各位老师。感谢上海多媒体实践基地对文化出口的重视,感谢上海芝远商务咨询有限公司王健先生的支持。同时,还要感谢刘轶老师的“催逼”,感谢上海视觉艺术学院对科研的重视。

必须说明的是,文中任何错误与不足,皆因自己学养有限,功力不逮,与助我者无关。

2018年5月15日